Spachth

Barbara Spachtholz

Mehr Lebensenergie durch Surya Marga

So schaffen Sie das Unglaubliche:
Wie Sie mit fünf einfachen Übungen
verborgene Kräfte freisetzen

TRIAS

Leserservice:

Wenn Sie Fragen oder Anregungen zu diesem Buch haben, schreiben Sie uns:
TRIAS Verlag
Postfach 30 11 07
D-70451 Stuttgart

Umschlaggestaltung:
Cyclus · D+P Loenicker, Stuttgart

Lektorat:
Stefan Vieregg M. A.

Außenlektorat:
Heike Herrberg, Maria Brand

Bildnachweis:
Umschlag: Peter Thal
Fotos Innenteil: Anette Jaschinski

Die Deutsche Bibliothek –
CIP-Einheitsaufnahme
Spachtholz, Barbara:
Mehr Lebensenergie durch Surya Marga : so schaffen Sie das Unglaubliche : wie Sie mit 5 einfachen Übungen verborgene Kräfte freisetzen / Barbara Spachtholz. – Stuttgart : TRIAS, 1999

Gedruckt auf chlorfrei gebleichtem Papier

Satz: Fotosatz H. Buck, Kumhausen
Druck: Gulde-Druck, Tübingen

ISBN 3-89373-487-2 1 2 3 4 5 6

Zu diesem Buch

Langsame, mit innerer Aufmerksamkeit begleitete Bewegungen, mal auf und ab, mal um den Körper herum, und manchmal ist der ganze Körper in Bewegung. Gesammelt in Ruhe, entspannt und voller Energie. Der Atem kommt, der Atem geht, mal ist er hörbar, mal ist er fast still, doch immer ist er unterstützend. Das ist schon fast alles, was man bei der Ausführung der Übungen des Surya Marga sehen oder hören kann.

Diejenigen, die diese Übungen praktizieren, erleben Erstaunliches, schon beim ersten Mal und auch dann, wenn sie selbst keine Ahnung von den Grundgedanken des Surya Marga haben. Der Geist beruhigt sich, der Atem entspannt sich, der Körper ist von prickelndem Leben erfüllt, die Wahrnehmung bekommt eine feine Antenne für das innere Leben, und die Empfindung, ganz bei sich selbst zu sein, stellt sich ein.

Mit fünf einfachen Übungsfolgen lassen sich verborgene Kräfte freisetzen. Unglaublich ist dann das Gefühl des Einsseins mit dem uns alle umgebenden Energieraum. Einerseits ist das Erleben völlig neu, andererseits wird es als äußerst vertraut empfunden:

das Gefühl, mit der Grundkraft des Universums verbunden zu sein.

Ein Weg der Transformation: »Surya Marga« – der Sonnenweg.

Barbara Spachtholz, im Februar 1999

Kapitel 1

- Die Elemente der Surya Marga
- Aus innerer Erfahrung wird Handlung
- Begegnen Sie etwas Wohlvertrautem – Ihrem Energieraum

Die ungewöhnliche Energiearbeit des Surya Marga erlaubt Ihnen, mit der universellen Energie in Verbindung zu treten, mit ihr zu arbeiten, und das in einer Weise, die es Ihnen ermöglicht, auf allen Lebensebenen gesund, vital, erfolgreich zu sein.

Die Elemente des Surya Marga

Die Übungszyklen des Surya Marga gehören zu einem Teil der sechs philosophischen Yogasysteme des alten Indien, zum Yoga der Energie, dem Weg zur Entfaltung des inneren Feuers. Im Surya Marga geht es darum, die Energieströme in ihrem inneren und äußeren Fluß zu unterstützen, sich der energetischen Verbindung zum Kosmos bewußt zu werden und die behindernden Blockaden aufzuheben. Wie in allen Yogatraditionen, steht auch hier die langsame Bewußtwerdung aller Bereiche des menschlichen Lebens im Mittelpunkt, von den körperlichen Aspekten bis hin zu den seelisch-geistigen Grundeigenschaften und deren Verwirklichung im täglichen Leben.

Aus innerer Erfahrung zum Handeln

Die einfachen und unglaublich effektiven Übungen des Surya Marga stellen eine Möglichkeit dar, mit der kosmischen Energie in Verbindung zu treten und mit ihr zu arbeiten, und das in einer Weise, die es fast jedem Menschen ermöglicht, tiefgreifende Veränderungen zu erleben, ohne sich in therapeutische Behandlung begeben zu müssen.

Diese Energiearbeit ist in ihrer Intention recht ungewöhnlich. Von tiefer Ruhe und kräftiger Anspannung bis zum Erleben hoher Bewußtseinszustände in den verschiedensten Meditationen reicht das Repertoire des Surya Marga. Es geht um nicht weniger als die Wiederentdeckung der essentiellen Natur des Menschen und darum, erneut mit ihr zu kommunizieren.

Der Energieraum

Gegenwärtig und unentbehrlich wie die Luft, die wir atmen, ist der Energieraum, in dem wir leben. Eine für die Sinnesleistung der Augen unsichtbare, doch nicht unfaßbare Dimension. Dieser Raum ist so real, daß man ihn betreten, erspüren und genießen kann. Er hat eine Schwingung, die sich sehr vertraut anfühlt, auch wenn keine bewußte Erinnerung daran besteht – als ob man etwas Altbekanntem begegnet. Diese Vertrautheit kann den Ausweg aus vielen Problemen zeigen. Man fühlt sich in Kontakt mit seinem inneren Selbst und einer tieferen Wahrheit, die über das hinausgeht, was wir dafür halten.

Surya Marga ist ein Übungsweg, um diesen Energieraum zu erforschen. Tiefe negative Gefühle wie Wut, Zorn, Neid oder Eifersucht, die uns manchmal zu überwältigen scheinen, verlieren in diesem Raum ihre Macht über uns, wenn wir sie als das erkennen, was sie sind: eine Ansammlung von Energie, die sich auflöst, wenn sie nicht mehr unsere konzentrierte Aufmerksamkeit hat; eine dunkle Wolke, die nichts anderes ist als in Bewegung geratene Energie, die verfliegt, wenn sie nicht mehr als gut oder schlecht bewertet wird.

Wenn es uns gelingt, eher auf einer Ebene voller Energie zu leben als in einer Welt von festgefahrenen, strukturierten Gedankenmustern und negativen Verhaltensweisen, gewinnen wir Distanz zu vielen Dingen in unserem Leben, die oft so schwierig erscheinen. Surya Marga bietet mit seiner Übungspraxis die Möglichkeit, diese Lebensweise zu erfahren – in der Natur, Ihrem Körper und in Ihrem Geist.

Die Übungszyklen

Zum Üben brauchen Sie keine Hilfsmittel und keinen besonderen Platz. Sollten Sie also Gelegenheit dazu haben, läßt sich ein Übungszyklus auch leicht in den Arbeitsalltag integrieren. Den Zeitaufwand bestimmen Sie selbst.

Mit zunehmender Übung werden Sie die wohltuende Wirkung spüren, die Sie durchlässiger und empfänglicher macht für die Lebensenergie Prana, jene wunderbare, heilende, lebenserhaltende Kraft. Sie werden wahrnehmen, daß sich Ihre Körperstruktur stärkt und Ihr gesamtes Energiesystem sich harmonisiert. Das führt zu Klarheit und Leichtigkeit, zu Wohlbefinden und prickelnder Vitalität. Über einen längeren Zeitraum praktiziert, aktivieren Sie durch die Übungen Ihr Immunsystem sowie Ihre Selbstheilungskräfte. Ihr Körper wird so wieder zu seinem dynamischen Gleichgewicht zurückfinden, das die Basis Ihrer Gesundheit ist.

Die Übungen bieten einen Rahmen, der unabhängig von Religion, Ideologie oder anderen Glaubenssystemen konkrete Erfahrungen ermöglicht. Sie werden spüren, wie Sie sich insgesamt stabilisieren, größere innere Ruhe und Gelassenheit entwickeln und mehr zu sich selbst finden.

Entspannen Sie sich!

Oft möchten wir, daß die Dinge ganz anders sind, als sie sind, wir wollen etwas haben, was wir nicht haben, oder etwas sein, was wir nicht sind. Auf dem weiteren Weg des Surya Marga, des »Sonnenweges«, bekommen wir ein tiefes Gespür dafür, daß das Leben mehr ist, als das, was wir sehen können, daß es uns unterstützt und so wie es ist, genau richtig ist. Auch die Annäherung an die existentielle Urintelligenz, die wir Gott nennen, können wir im Energieraum erleben. In der Tiefe der Meditation spüren wir diese Gegenwart.

Wie können wir nun am einfachsten Zugang zu diesem wunderbaren Raum befinden? Entspannen Sie sich! Jeder Kampf und jede Bemühung wird Sie daran hindern, Früchte zu ernten. Vor jedem Übungszyklus ist das Entspannen ein notwendiges Vehikel, um in die Ruhe zu kommen, die uns offen und aufnahmebereit macht für das, was in unserer Wirklichkeit geschieht.

Surya Marga ist ein Erfahrungsweg

Surya Marga ist keine Form von Religion oder ein bestimmter Glaube, sondern ein Erfahrungsweg. Richtig ausgeführt, also die einzelnen Schritte beim Einnehmen und Auflösen der Haltung beachtend, bewirken diese Körperhaltungen Bewußtseinsvorgänge, die ein vertieftes Selbsterleben vermitteln.

Transparenz der Bewußtseinsvorgänge

Die Folge jeder Selbsterfahrung ist eine bewußtere Haltung der Umwelt gegenüber. Die vertiefte Erlebnisfähigkeit und die Erkenntnis der körperlich-geistig-seelischen Zusammenhänge hebt den Menschen auf eine Ebene des Verstehens, die ein friedvolleres, harmonischeres Miteinander ermöglicht.

Surya Marga gehört den Yogatraditionen an, und Yoga bedeutet frei übersetzt »Joch-Vereinigung« oder »Rückverbindung zum Selbst«, wie immer wir die Vereinigung aller Teilaspekte unseres Lebens mit dem *einen* Leben, das durch alle Formen fließt, umschreiben möchten. Es handelt sich immer um einen Prozeß der Ganzwerdung, um das Bewußtwerden und Verwirklichen jener zu uns gehörenden Bereiche, die uns nicht bewußt sind.

Auch wenn wir uns intellektuell immer weiter entwickeln, so sind wir doch mit den inneren Vorgängen in unserem Körper noch wenig vertraut und uns auch nur weniger psychischer Fähigkeiten bewußt. Besonders der Übungsweg im Yoga des Surya Marga vermag diese geistigen inneren Bereiche zu erhellen und die geistig-seelischen Fähigkeiten zu erschließen.

Innere Freiheit und Lebensfreude

Je begrenzter Vorstellungen, Meinungen und Überzeugungen sind, um so enger und isolierter bleiben die Lebensinhalte. Selbst bei materieller Fülle und ausreichendem Lebensraum wird dieses Prinzip zutreffen.

Bewußtsein wird oft gleichgesetzt mit physischer Wachheit, mit logischem Denken, Wissen oder mit dem »gesunden Menschenverstand«, der seine Ansichten überzeugend vertreten kann. Die Yogalehre des Surya Marga meint jedoch ein tieferes Wissen um die Zusammenhänge vom ganzen Sein des Menschen, das jederzeit gegenwärtig ist und auch erfahren werden kann. Ist diese ganzheitliche Gegenwart des Lebens allmählich bewußt, z.B. durch das Erlernen und Erspüren körperlich-seelischer Zusammenhänge während der Übungshaltungen, kommt es allmählich zu einer inneren Freiheit.

Diese Freiheit ermöglicht dann die Auswahl der Einflüsse und Eindrücke, vermag die Bewertung seiner selbst oder von Situationen zu verändern und bestimmt auf diese Weise das psychisch-physische Erleben. Die Opferrolle der Fremdbestimmung, das Ausgeliefertsein an die Umweltbedingungen nimmt ab, und das Wertvollste, was wir haben – »unser Leben« –, kann nun selbst gestaltet werden.

Wissenschaftlerinnen und Wissenschaftler, die über ihr eigenes Forschungsgebiet hinaus erkannt haben, daß die Wechselwirkungen der Lebensvorgänge von größter Wichtigkeit sind, sehen in der Bewußtwerdung des ganzheitlichen Menschen die größte Möglichkeit zur Bewältigung der gegenwärtigen Lebensprobleme. Dazu gehört auch die Fähigkeit zur Lebensfreude, selbst unter widrigen Umständen und unabhängig von Karriere und Wohlstand.

Der Übungsweg des Surya Marga ist also nicht nur auf Übungszyklen ausgerichtet, sondern erfaßt nach und nach den ganzen Menschen und alle Bereiche seines Daseins.

Laufen Sie nicht dem Glück hinterher – lernen Sie, es in sich zu finden!

Wann immer wir uns einen Freiraum schaffen wollen – zu Hause, beruflich, finanziell, familiär oder kulturell – und dem Glück beziehungsweise dem nachjagen, was wir für Glück halten, suchen wir darin ein tieferes, befriedigenderes Erleben.

Das bedeutet zum einen, daß wir der inneren Raumnot entfliehen wollen, die mit Fremdeindrücken oder mit Zwängen aus dem eigenen Unterbewußtsein besetzt ist, und andererseits, daß wir mit der Erlebnisqualität in unserem Dasein bisher nicht zufrieden waren.

Wir können dies als absolut positiv und für unsere Entwicklung als notwendig betrachten. Manchmal wählen wir nur die falschen Mittel und Wege, um zu neuen Erfahrungen und Erlebnisinhalten zu kommen. Die innere Resonanzfähigkeit bestimmt die Tiefe und das Ausmaß allen äußeren Erlebens. Umgekehrt vertieft jedes äußere bewußte Erleben die innere Resonanzfähigkeit. Der Yoga des Surya Marga ermöglicht die Bewußtheit dafür. Dies ist zwar ein Lernprozeß, der Arbeit erfordert, aber auch entsprechend bereichert und beschenkt.

Entdecken Sie das aufrechte Stehen

Wahrscheinlich stehen auch Sie jeden Tag Stunde um Stunde im beruflichen Alltag oder zu Hause. Doch sind Sie sich wirklich bewußt, wie Sie stehen? Erst wenn Ihre Beine müde werden, Ihr Kreuz schmerzt, sich Ihre Schultern verspannt anfühlen, spüren Sie die Folgen falschen Stehens. Zu diesem körperlichen Aspekt gesellt sich ein weiterer, nicht zu unterschätzender: unsere Einstellung zum tragenden Boden, die Verbindung zur Erde. »Mit beiden Füßen mitten im Leben stehen« drückt aus, welcher Zusammenhang zwischen Lebensgefühl und Erdverbundenheit besteht.

Besonders der in die städtische Wohn- und Lebensform eingebundene Mensch hat den Bezug zur Erde als nährende Mutter weitgehend verloren. In den alten Kulturen Chinas, Japans oder Indiens gehört die tiefe Verbundenheit zur Erde, in der Form des Geerdet-Seins, mit zur Entwicklung des Menschen. Dies drückt sich vor allem in der Stabilität der Körpermitte aus, die wiederum die Voraussetzung für die Zentrierung des Menschen ist und als Grundlage vieler Körperhaltungen und Meditationsübungen dient.

Das innere und äußere Gleichgewicht verlangt einen guten Stand. Wer in Konflikten bestehen und seinen Standpunkt bewahren möchte, darf sein Gleichgewicht nicht verlieren.

▶ Übung: Kontakt aufnehmen mit dem Energieraum

Nehmen Sie den Parallelstand ein:

- Die Beine stehen hüftbreit und werden leicht gebeugt.
- Die Fußsohlen werden gleichmäßig mit dem Körpergewicht belastet. Versuchen Sie, ganz natürlich und locker zu stehen.
- Das Becken kippt etwas nach vorn, dabei wird die Lendenwirbelsäule leicht gedehnt. Streichen Sie ein paarmal mit den Händen übers Kreuz hinunter zum Becken.
- Lassen Sie Bauch und Gesäß locker.

- Der Oberkörper ruht aufgerichtet über dem Becken.
- Der Brustkorb ist entspannt und im Brustbein leicht eingesunken.
- Die Arme hängen locker herab, dabei die Ellenbogen leicht nach außen drehen. Stellen Sie sich vor, unter Ihren Achselhöhlen wäre Luft.
- Der Kopf »schwimmt« auf der Halswirbelsäule, wird am höchsten Punkt am Scheitel (Wirbel) aufgerichtet und wie von einem Faden gehalten.
- Auch Ihre Wirbelsäule, die in Wirklichkeit ja eine bewegliche Wirbelkette ist, wird von einem vorgestellten Faden gehalten.
- Lächeln Sie nach innen.
- Entspannen Sie Ihr Gesicht. Beginnen Sie bei Ihrer Stirn. Die Stirn in der Mitte zwischen den Augenbrauen nach vorne entspannen. Die Augenwinkel leicht abwärts ziehen. Die Mundwinkel leicht nach oben. Die Zunge ganz locker lassen und den Unterkiefer entspannen. So entsteht ein Lächeln, das nicht nur nach außen, sondern auch nach innen von entspannender Wirkung ist.

Meditation

Still stehen

Stehen Sie wie in der Übung angegeben. Bleiben Sie für einige Zeit im Parallelstand. Entspannen Sie sich dabei. Lächeln Sie, als ob Sie jemandem in weiter Ferne einen liebevollen Gruß senden möchten.

Spüren Sie Ihren Empfindungen nach: Welchen Kontakt haben Ihre Füße mit dem Boden? Vielleicht können Sie in Ihren Fingerkuppen und in Ihren Zehenspitzen ein leichtes Prickeln spüren? Diese Hautdurchblutung zeigt an, daß Sie tatsächlich entspannt sind und Ihr Körper sich auf Ruhe eingestellt hat.

Ziehen Sie nun in Ihrer Vorstellung eine Entspannungsbahn abwärts. Beginnen Sie bei Ihrem Scheitelpunkt (Wirbel). Lassen Sie diese Entspannungsbahn abwärts fließen über den Kopf – den Hals – die Schultern – die Arme und Hände – bis über die Fingerspitzen. Und nun über den Brustraum – Bauch – in den Beckenraum. Nehmen Sie sich Zeit, um die

Atembewegungen zu spüren, und finden Sie den Raum, in dem Sie sich ganz besonders wohlfühlen.

- Gleiten Sie mit der Entspannungsbahn abwärts über den Rücken – über jeden Wirbel – bis zum letzten Steißwirbel im Beckenboden. Lassen Sie sich mit jedem erleichterndem Ausatmen ein wenig mehr auf die Füße und in Kontakt mit dem Boden bringen. Und weiter über beide Beine abwärts zu den Fußsohlen.

- Bleiben Sie aufmerksam auf einen Punkt gerichtet, der sich in der Mitte Ihrer Fußsohlen zwischen den Großzehenballen und den Kleinzehenballen befindet. – Lächeln Sie ihm noch eine Weile zu, bevor Sie diese Meditation beenden.

Kapitel 2

- Surya Marga in der Praxis: wann – wo – wie
- Achtsamkeit – ein Geschenk an sich selbst
- Kommen Sie ganz bei sich an

Achtsamkeit macht Sie sensibler für die subtilen Abläufe im Energiebereich, durchleuchtet Ihr Stimmungsmanagement und läßt Sie die Kunst erlernen, mit Ärger richtig umzugehen.

Surya Marga in der Praxis

Wie bei allem Neuen, ist es auch hier ratsam, einige Hinweise zu beachten. Sie werden dann mehr Freude an den Übungen haben, und auch die Wirkungen werden effektiver sein.

Üben Sie regelmäßig

Unsere Lebensumstände lassen oft keinen Freiraum mehr zu. Wenn Sie jedoch rasch zu wirksamen Ergebnissen kommen wollen, sollten Sie auf ein regelmäßiges Programm nicht verzichten.

Wann? In den frühen Morgen- und Abendstunden bzw. in der Zeit um 9.00 Uhr oder 21.00 Uhr sind die kosmischen Energien besonders günstig. Vielleicht können Sie Ihren Übungsrhythmus an diesen Zeiten orientieren.

Wie lange, wie oft? Nehmen Sie sich nicht zuviel auf einmal vor. Sie können die einzelnen Übungszyklen aufteilen. Am besten gehen Sie Schritt für Schritt vor. Der erste Übungszyklus schließt den Körper für die anderen auf. Die Dauer der Übungszeit bestimmen Sie selbst. Wenn Ihre Zeit es erlaubt, können Sie üben, solange es Ihnen guttut. Ein Zuviel an Energie kann es nicht geben, da Sie durch die abschließende Meditation jeweils einen Ausgleich erfahren.

Wo? Sie können sowohl drinnen als auch im Freien üben, Ihre Energieaufnahme wird durch eine natürliche Umgebung sogar gesteigert. In Ihrer Wohnung, im Büro oder an Ihrem Arbeitsplatz gibt es ausreichend Platz zu finden. Wichtig ist nur, daß Sie ungestört bleiben. Denken Sie daran, wie unangenehm es sein kann, wenn Sie bei Übungen, die für Außenstehende fremd sind, gestört werden.

Schaffen Sie sich einen rituellen Raum

Mit kleinen rituellen, also stets wiederkehrenden Handlungen können Sie Distanz zum Alltag bekommen, und die Zeit des Übens wird so zu etwas ganz Besonderem. So kann beispielsweise das Anzünden einer Kerze und das Löschen der Deckenbeleuchtung einen rituellen Raum schaffen, in dem Sie sich wohl fühlen. Grünpflanzen oder Blumen können jede Atmosphäre verfeinern.

Mein Tip

Mit Anleitung üben

Üben Sie am Anfang mit dem Buch, und sprechen Sie sich die angebotenen Meditationen auf Kassette.

Dieser Raum kann auch in Ihrem Inneren existieren. In fremder Umgebung ist dies immer hilfreich und stimmt Sie auf die Übungszeit günstig ein. Schließen Sie Ihre Augen, oder lassen Sie sie auf dem Boden ausruhen. Denken Sie zurück: Es wird in Ihrer Erinnerung bestimmt einen Ort geben, mit dem Sie sehr angenehme Empfindungen verbinden. Lassen Sie sich Zeit dafür, und haben Sie etwas Geduld, bis sich das ganze Bild zeigt. Versuchen Sie dann, sich an Farben, Worte, Geräusche, Gerüche und Menschen zu erinnern, die für Sie zu diesem Ort gehören. Alles sinnlich Erlebte trägt dazu bei, daß sich ein spezielles Wohlgefühl entwickelt. Und mit diesem Gefühl wird sich Ihr Körper nun ganz leicht entspannen.

Bereichern Sie die Übungsatmosphäre mit Musik

Überlegen Sie, was Sie während des Übens am liebsten hören möchten. Naturgeräusche oder ein sanftes Musikstück können stimulierend sein und laute Alltagsgeräusche in den Hintergrund treten lassen. In jeder Musikabteilung läßt sich gute Entspannungsmusik finden. Hören Sie sich vor dem Kauf die Musik an; das bewahrt vor Enttäuschungen.

Schenken Sie sich liebevolle Zuwendung

Tun Sie sich gut. Lächeln Sie freundlich in Ihren Körper hinein. Angestrengtes, leistungsbezogenes Üben wird das Gegenteil erreichen. In der liebevollen Haltung sich selbst – und anderen – gegenüber liegt eine größere Heilkraft als in einem technisch perfekt ausgeführten Übungszyklus. Nehmen Sie sich und Ihren Körper so an, wie Sie sind.

Mein Tip

Nicht mit vollem Magen!

Mit vollem Magen übt es sich schlecht. Wählen Sie also Zeiten, an denen Ihr Körper möglichst unbelastet ist.

Üben Sie um der Übung willen und nicht, weil Sie Großes erwarten. Spüren Sie immer wieder Ihren Empfindungen nach. Versuchen Sie, absichtslos zu sein. Es wird am Anfang nicht oft gelingen. Ich kann Ihnen jedoch versichern, daß gerade die Absichtslosigkeit ein großes Potential an Überraschung, aktiver Lebendigkeit und Freude in sich birgt.

Achtsamkeit – ein Geschenk an uns selbst

Wenn wir den Fluß der Energien spürbar in uns wahrnehmen wollen, müssen wir sensibler für feinste Abläufe im Energiebereich werden. Unsere körperliche Leistungsfähigkeit, unsere seelische Belastbarkeit, unsere Hochs und Tiefs hängen von Gefühlen und Empfindungen ab. Auch die Kommunikationsfähigkeit, so wie unser gesamtes zwischenmenschliches und soziales Verhalten, wird von der augenblicklichen Stimmungslage entscheidend beeinflußt. Ohne zu wissen, warum das so ist, gleiten wir aus Zonen guter Laune, in denen wir uns »gut drauf«, sicher, ruhig und gelassen fühlen, in Stimmungstiefs, wo wir uns als unruhig, nervös und angespannt empfinden.

Auslöser oder Gründe lassen sich nicht so ohne weiteres erkennen, und da wir mehr mit dem Kopf als mit dem Körper beschäftigt sind, können sich schlechte Stimmungen nur allzu leicht einschleichen. Sind wir erst einmal in einem Tief, ist es meist sehr schwierig, so damit umzugehen, daß wir schnell wieder herauskommen. Häufig interpretieren wir unsere negativen Empfindungen und das meist damit verbundene Energiedefizit als eine Reaktion auf eine äußere Situation, in die wir plötzlich geraten sind.

Große Gefühle wie Angst, Wut, Zorn, Scham oder Kummer lassen meist klare Auslöser erkennen. Es gibt jedoch Gefühle ganz anderer Art; sie entstehen bereits, wenn wir uns bewegen, lachen, husten oder niesen müssen. Diese kleinen Empfindungen sind der Schlüssel zu den tieferen Gefühlen, die wiederum von den Spielregeln unserer Verhaltensstrategien bestimmt werden.

Achtsamkeit ist nun die Fähigkeit, die unser Verhalten zu durchleuchten hilft, um das Gefühlsmuster zu erkennen, das unser Handeln bestimmt. Achtsam sein heißt, sich für das zu sensibilisieren, was das ganze Spektrum unserer Energiebewegungen ausmacht: die Energieabläufe unseres Lebens, die Emotionen.

Wenn wir keine Beziehung haben zu Zorn, Wut, Traurigkeit, Ängsten oder Zweifeln, wird es uns nicht möglich sein, die Lebensenergien in einen ausgewogenen Fluß zu bringen. Wir werden uns daher nie wirklich wohl fühlen, wenn wir die uns blockierenden Energien nicht auflösen können. Für unseren Energieprozeß, der durch Surya Marga in Gang gesetzt wird, bedeutet das, die Ansichten, Überzeugungen und Meinungen, die wir uns im Laufe unseres Lebens angeeignet haben, auf ihren Nutzen zu untersuchen und eventuell in Frage zu stellen.

Signale des Körpers

Eine Ansicht oder Überzeugung spiegelt den Wahrheitsgehalt und die Bedeutung, die wir Ereignissen und daraus resultierenden Erfahrungen zuschreiben. Die Intensität der Erfahrung ist daher von den Gefühlen abhängig, die bei einzelnen Ereignissen geweckt wurden. Unser Körper informiert uns über die Gefühle, die oft tief eingeschlossen sind, und teilt uns über seinen Ausdruck mit, wenn wir uns damit auseinandersetzen sollen. Der Körper signalisiert, d. h., er bringt durch einen körperlichen oder seelischen Krankheitsprozeß die blockierte Emotion zum Ausdruck.

Fünf Achtsamkeitsübungen

Ähnlich wie wir lesen oder schreiben lernen, können wir Achtsamkeit in uns entwickeln. Achtsamkeit ist die Fähigkeit, die unsere Wahrnehmung für die Zirkulationswege der Energien in unserem Körper schult und uns dadurch befähigt, die Energien zu lenken. Achtsamkeit erlernt man nur schrittweise. Ist eine Stufe erreicht, kommt die nächste. Grenzen dieser Fähigkeit gibt es nicht. Damit gleich der erste Übungszyklus für Sie wirkungsvoll ist, beginnen wir mit Achtsamkeitsübungen, die besonders die Wahrnehmung von Körperempfindungen ermöglichen.

Wahrscheinlich sitzen Sie gerade gemütlich im Sessel und halten dieses Buch. Da Ihr Interesse dem Text gilt, werden Sie von Ihrem Körper gerade nicht viel spüren.

1. Übung

- Beachten Sie einmal, wie Sie sitzen. Haben Sie die Beine übereinander geschlagen? Wie halten Sie Ihren Rücken? Wo befinden sich Ihre Arme und Hände?
- Wählen Sie dabei eine innere oder äußere Ansprache, drücken Sie aus, was Sie über sich feststellen können.
- Nehmen Sie nun eine andere Haltung ein, und bleiben Sie solange darin, bis Sie den Drang verspüren, diese zu ändern. Versuchen Sie nun, dem zu widerstehen.
- Fragen Sie sich, und geben Sie sich die Antwort:
  »Was veranlaßt meinen Körper, die Haltung zu verändern?«
  »Warum ist sie plötzlich unbequem?«
  »Welche Empfindungen habe ich gerade?«
  »Was kommen mir für Gedanken?«
- Lassen Sie sich noch ein wenig Zeit, darüber nachzudenken. Schreiben Sie Ihre Gedanken auf. Sie werden erstaunt sein, was Ihnen alles einfällt.

2. Übung

- Wie gehen Sie? Was fällt Ihnen dabei auf?
- Welchen Rhythmus haben Sie? Machen Sie eher kleine oder große Schritte?
- Versuchen Sie, Ihren Laufstil zu verändern. Was fällt Ihnen dann auf?
- Welche Empfindungen und welche Gedanken tauchen auf?
- Beobachten Sie andere Menschen beim Gehen, und achten Sie darauf, welche Art bei Ihnen Sympathien weckt.

3. Übung

- Wie sprechen Sie? Eher schnell oder langsam?
- Haben Sie öfter das Empfinden, nicht verstanden zu werden?
- Wurden Sie als Kind aufgefordert, deutlicher zu reden?
- Achten Sie einmal darauf, welche Töne Ihnen angenehm sind: hohe oder tiefe?
- Welche Gefühle löst der Sprachstil oder die Tonhöhe anderer in Ihnen aus?
- Wenn Sie allein sind, sprechen Sie laut aus, was Sie gerade denken; versuchen Sie, nichts zu konstruieren.

4. Übung

- Wie essen Sie? Schnell oder langsam?
- Können Sie Ihr Essen genießen?
- Ist Ihnen ein schön gedeckter Tisch wichtig?
- Ändern Sie einmal Ihre Eßgewohnheiten. Was fällt Ihnen dann auf?
- Welche Gefühle tauchen auf, und welche Gedanken kommen hoch?
- Überlegen Sie, warum Sie sich diese Art zu essen angewöhnt haben. Schreiben Sie Ihre spontanen Gedanken auf.

5. Übung

- Wie fahren Sie Auto? Eher schnell oder lieber langsam? Aggressiv oder eher defensiv?
- Haben Sie dabei entspannte Schultern, oder verkrampfen Sie sich?
- Geraten Sie leicht in Streß, z.B. schwitzen Sie, atmen Sie schneller, bekommen Sie Herzklopfen, oder bleiben Sie ruhig?

- Wenn Sie Ängste haben – woran merken Sie das zuerst?
- Verändern Sie bewußt Ihre Sitzhaltung und auch Ihren Fahrstil, und machen Sie sich Ihre Gefühle und Gedanken dazu bewußt.

Zur Achtsamkeit gehört das Nicht-Tun

Mit Ärger richtig umzugehen ist eine Kunst. Sie können sie erlernen, indem Sie die folgende Empfehlung beherzigen: Denken Sie an eine Situation zurück, die Sie in heftigen Ärger versetzt hat. Ärger mit all seinen unangenehmen Begleiterscheinungen wie Anspannung, Kloß im Hals, Druckgefühl im Magen, Atembeklemmungen, dazu heftige, recht negative Empfindungen: man fühlt sich ungerecht behandelt, übergangen, nicht beachtet, verletzt. Ich bin überzeugt, auch Ihre Gedanken waren nicht gerade freundlich. Doch welche Gefühle hatten Sie wirklich?

Sprechen Sie die Ärgergedanken laut aus, natürlich nur, wenn Sie allein sind. Sie glauben zu wissen, welche Gedanken das sind? Dann kennen Sie sich nicht, denn in emotionalen Augenblicken sind unsere Gedanken nicht vom Verstand gesteuert, sie platzen geradezu aus uns heraus und drehen sich meist um nichts anderes als um die kleine schmerzlich verletzte Persönlichkeit, als die wir uns in dieser Situation empfinden und die es dem oder den anderen schon zeigen wird. Nun meine Empfehlung: Tun Sie mal nichts in der nächsten »Ärgersituation«, zeigen Sie keine Reaktionen, sondern versuchen Sie, diese zu beobachten und zu benennen, d. h., wenn Sie dann allein sind, sprechen Sie Ihre Gedanken laut aus, benennen Sie Ihre Gefühle, und entdecken Sie auch, welche Spannungen in Ihrem Körper dabei entstehen. Sie werden überrascht sein, welcher Kitschfilm in Ihrem Kopf abläuft, und wie schnell die Reaktionen nachlassen. Übrigens – erst wenn diese nachgelassen haben, werden Sie wieder klar denken können. Sie werden bemerken, daß es keine Gefühle von Dauer sind, es ist eine Reihe von Impulsen, die immer wieder unterbrochen wird und schließlich nachläßt.

Übertreiben Sie es!

Üben Sie sich darin, normale, ganz alltägliche Bewegungsabläufe manchmal zu übertreiben. Jedes Gefühl ist in unserem Körper mit einer dazugehörigen Erfahrung gespeichert. Wenn wir nur eine Bewegung bis zum Äußersten steigern, können wir beobachten, daß eine Erinnerung unseren Körper in Bewegung versetzt und somit verborgene Gefühle ins Bewußtsein bringt.

Übung

Lehnen Sie sich bequem zurück, und denken Sie an eine unangenehme Situation, die sie unsicher und ängstlich machte, oder an eine Situation, in der Sie Schmerz empfunden haben. Während die Erinnerung in Ihnen auftaucht, beobachten Sie jede Reaktion Ihres Körpers. Jede noch so kleine Bewegung ist wichtig. Bemerken Sie eine Reaktion – übertreiben Sie die Bewegung! Ziehen sich Ihre Schultern hoch – übertreiben Sie das. Verkrampfen sich Ihre Hände – übertreiben Sie das. Oder verzieht sich Ihr Gesicht – übertreiben Sie das. Achten Sie auch darauf, ob Sie sich während des Spannungszustandes besser fühlen. Üben Sie sich in der Langsamkeit. Je langsamer die Bewegungsabläufe sind, um so besser können Sie sich beobachten. Mit der Zeit werden Sie darin geübt sein, Empfindungen wachzurufen, ihren Inhalt zu erkennen und diese zu verändern. Wenn uns die biopsychischen Zusammenhänge bewußt werden, sind wir auch in der Lage, sie nach unserem Willen zu verändern.

Das ist zu schön, um wahr zu sein, werden Sie jetzt vielleicht denken: raus aus den schlechten Stimmungen, rein in die guten. Es *ist* möglich, das kann ich Ihnen versichern.

▶ Übung: Kommen Sie ganz bei sich an

Abb. 1: Siegelhaltung der Hände

- Nehmen Sie den Parallelstand ein.
- Lassen Sie sich Zeit, um die aufrechte äußere Körperhaltung auch innerlich wahrnehmen zu können.
- Ihre Knie sollen weder durchgedrückt noch zu stark gebeugt sein.
- Lockern Sie Ihre Schultern, und lassen Sie den Kopf auf ihnen thronen.
- Lassen Sie Ihre Augen vor sich auf den Boden fallen und dort ausruhen.
- Ihre Hände bilden vor dem Bauch (Hara) ca. drei Fingerbreit unter dem Nabel eine Schale, das »Siegel« (Abb. 1), die Daumen berühren sich leicht. Die rechte Hand liegt oben.
- Versuchen Sie, sich in die feine Atembewegung Ihrer Bauchdecke einzuspüren. Atmen Sie auf innige Weise durch beide Nasenöffnungen. Der Atem, den Sie anfangs noch spüren können, wird langsam und lautlos.

- Nach ca. sieben oder 14 Atemzügen lösen Sie die Hände und schauen in die Weite, ohne etwas Bestimmtes zu fixieren. Das ruhige Stehen und die achtsame Begleitung vertiefen den Atem und sammeln die Energie im Hara, dem Zentrum unserer Stabilität und Verbindungspunkt zur substantiellen Energie des Universums.

Diese Übung bildet stets den Auftakt zu den Übungszyklen. Sie eignet sich jedoch auch hervorragend als eigenständige Meditation, wobei der Dauer keine Grenzen gesetzt sind. Da diese Übung allgemein beruhigend und ausgleichend wirkt, kann sie Ihnen sehr helfen, emotionalen Streß abzubauen.

Kapitel 3

- Bringen Sie die Lebensenergie in den Fluß
- Ihr natürlicher Zustand ist ein absolut stimmiger
- Sie gestalten Ihr Leben selbst
- Die wichtigsten Begriffe vorweg

Öffnen Sie das Tor mit dem ersten Übungszyklus des Surya Marga. Schließen Sie mit dem, was Sie empfangen haben, in der Meditation: Lichtenergie ausstrahlen.

Die Lebensenergie in Fluß bringen

Kennen Sie Ihren natürlichen Zustand? Wahrscheinlich nicht, denn weder Schmerz noch Leid, weder unglücklich sein noch der alltägliche Lebenskampf entsprechen »unserer Natur«. Fast krampfhaft halten wir uns in einem Zustand gefangen, der ganz und gar nicht unserem natürlichen entspricht. Warum tun wir das? Weil wir selber nicht mehr »natürlich« sind und glauben, unser Leben müsse gezwungenerweise aus einer Reihe kleinerer und größerer Probleme bestehen, die wir nur strategisch lösen können. Tatsächlich verstoßen wir auf diese Weise oft gegen Existenzgesetze und erschweren somit unser Leben.

Der Zustand tiefer Zufriedenheit

Was ist nun der natürliche Zustand? Ganz allgemein können wir sagen: Es ist ein Zustand, in dem alles stimmt und alles für uns stimmt. Wir können ihn aus verschiedenen Blickwinkeln betrachten, doch werden wir immer wieder dieses finden: tiefe Zufriedenheit, große Freude, unendliche Liebe, sich in allem und mit allem eins zu fühlen, intuitives Begreifen, universelle Intelligenz, glücklich zu sein – also absolute Stimmigkeit.

Jeder Mensch kann in seinem Leben Beispiele entdecken für das, was zu Konflikten führt, und auch für das, was deren Lösung bewirkt. Doch wir haben meist nicht gelernt, selbständig zu denken, und übernehmen fast automatisch die »Programmierungen« durch unsere Eltern und unsere Umgebung. So leben wir zwar in einer hochtechnisierten Welt, verändern jedoch nicht die Grundmuster unseres Denkens. Eigentlich ist das absurd.

Unsere Denkfähigkeit hat mit der Produktionsfähigkeit (dem äußeren Wachstum) nicht Schritt halten können. Für die geistige Weiterentwicklung blieb nicht viel Zeit übrig. Im Surya Marga befassen wir uns mit dem inneren Wachstum, das uns in die Lage versetzt, selbständig und unabhängig von irgendwelchen Dogmen zu denken. Wir wollen also nicht bestehende Gedankenmuster übernehmen, um sie weiterzuführen und damit im Fahrwasser von Streß und Problemen bleiben – oder, anders ausgedrückt, im unnatürlichen Zustand –, sondern unseren Verstand auch mal in Frage stellen und so zu einem Denken kommen, das uns ein besseres Leben und einen natürlichen Zustand ermöglicht.

Wir gestalten unser Leben selbst

Sicher kennen Sie Aussprüche wie: »Das Leben ist das, was wir daraus machen« oder: »Wir sind, was wir denken.« Wir gestalten unser Leben tatsächlich selbst, zwar in den für uns vorgesehenen Bahnen, doch sind wir mit allen Grundpotentialen ausgestattet, deren Entwicklung uns ein angenehmes und zufriedenes Leben ermöglicht.

Den meisten von uns scheint es, als »passiere« unser Leben einfach, als hätten wir keinen Einfluß darauf, sondern seien darin gefangen. Und genau diese Meinung, diese Überzeugung, die wir irgendwann einmal festgelegt haben, hat einen Kreislauf zur Folge, aus dem wir fast nicht entrinnen können.

Aber es hat dieses unveränderliche Wesen nie gegeben. Das Ich, der Verstand, hat es geschaffen, und so leben und handeln wir nach dieser Vorstellung. Kein Wunder, daß wir in unnatürlichen Zuständen verharren und immer wieder unnatürliche Erfahrungen machen müssen.

Nähern wir uns doch einmal der Persönlichkeit, die wir in Wirklichkeit sind. Es ist das Selbst und nicht das Ich des Verstandes, und dieses Selbst hat alle Eigenschaften des natürlichen Zustandes und sonst keine. Das eine gehört zum anderen.

Es liegt an Ihnen, in welcher Welt Sie leben wollen. Glücklicherweise verfügen Sie über einen freien Willen, der Ihnen ermöglicht, zu sehen, zu hören und zu denken, was Sie wollen.

Das System des Surya Marga

Die Sonnenenergie, die durch die nachfolgende Übungspraxis direkt angesprochen wird, entfaltet ihr unerschöpfliches Potential nur denen, die sich ihr durch praktisches Handeln aktiv zuwenden. Ein Meister dieser Technik war Yogi Bhayan. Er brachte die in der westlichen Welt weitgehend unbekannten Techniken als Bundalini-Yoga nach Nordamerika und von dort nach Europa. Die insgesamt sehr dynamischen Übungen entsprechen ganz besonders dem westlichen Geist unserer Zeit. Bereits nach kurzer Zeit vermitteln sie den ernsthaft Praktizierenden spürbare Ergebnisse.

Surya Marga – der »Sonnenweg« – beginnt aber erst dann, wenn wir das Buch zur Seite legen und das Gelesene in unserem Leben anwenden. Als Voraussetzung für diese gezielten Übungszyklen wird von den Praktizierenden erwartet, daß auch ihr Leben in disziplinierter Form verläuft und daß sie sich um ein erweitertes Bewußtsein bemühen, welches den Menschen als ganzheitliches Wesen sieht.

Alle Ebenen des Daseins sollen gereinigt und gestärkt werden, um den Anforderungen, die mit dem Weg des inneren Feuers verbunden sind, gerecht zu werden. Mehr noch als andere Yogasysteme, fordern uns die Übungen des Surya Marga deshalb auf allen Lebensebenen. Die Worte von Yogi Bhayan sagen uns dies sehr deutlich: »Freiheit gibt es nicht umsonst, und Befreiung kostet Arbeit.«

Bevor wir mit dem ersten Übungszyklus beginnen, möchte ich einige der wichtigsten Begriffe, die immer wieder auftauchen werden, erläutern.

Prāna

Dies ist ein zentraler Begriff in den östlichen Yogaphilosophien. Im Zusammenhang mit den Übungen des Surya Marga ist das Verständnis und Wissen über Prāna von Bedeutung, weil wir durch die Übungen, die an sich schon körperkräftigend sind, die Energieebene um eine Dimension erweitern und damit die gesundheitsfördernde Wirkung beträchtlich erhöhen.

Prãna ist vielfältig in seiner Bedeutung: Nahrung, Luft, Atem … Die beste Umschreibung ist »universelle Kraft – Lebensenergie«. Eine Kraft, die alles im Kosmos durchströmt, von allem aufgenommen und abgestrahlt wird. Im Yoga werden z. B. die aktiven, energetischen Prozesse mit Prãna bezeichnet, also der Bereich des Menschen, der nicht stofflich ist. Reines Prãna ist abgelöst von seinen Trägersubstanzen (Nahrung, Luft), es kreist unablässig durch unseren Organismus und schützt ihn gegen negative Einflüsse. Es ist die Triebkraft für alle physiologischen Aktivitäten. Alle Aufbauprozesse werden durch die Existenz von Prãna gesichert, und auch der Abtransport der Abbauprodukte unseres Körpers ist somit gewährleistet.

Wir nehmen Prãna ständig von außen auf, aus der Luft mit den Atmungsorganen und der Haut, aus der Nahrung mit den Verdauungsorganen, aus der Umwelt mit den Sinnesorganen. Dabei sind die äußeren Bedingungen, die Umwelt, die Nahrung und die Menschen ebenso wichtig, wie die Art und Weise unseres Umgangs damit.

Prãna ist die Kraft, die zur Aufrechterhaltung unserer Lebensfunktionen, zur Erneuerung und Veränderung benötigt wird. *Dynamisches Gleichgewicht oder Harmonie* entsteht, wenn das Prãna, welches seinen Sitz in den Nieren hat und von dort zu Milz und Magen strömt, hier eine Verbindung mit dem durch die Nahrung aufgenommenen Prãna eingeht, um sich dann in den Lungen mit dem durch den Atem erhaltenen Prãna zu vereinigen. Ist diese Balance gestört, fühlen wir uns nicht mehr wohl. Wenn keine Veränderung dieses Zustandes eintritt, werden wir krank. Im Gleichgewicht sein bedeutet demnach – gesund sein.

Nadis (Rinnen)

Dies sind die Energiebahnen, in denen Prãna sich in ständigem Fluß befindet. Als Meridiane sind sie uns hier im Westen zum Begriff geworden. Ihr Verlauf in unserem Körper ist wie ein dichtes Netz von vertikalen und horizontalen Bahnen.

Völlig ungehindert fließt Prãna bei unserer Geburt. Ab diesem Zeitpunkt verringert sich die Durchlässigkeit unserer Nadis. Grund dafür sind nicht nur äußere Einwirkungen wie Verletzungen oder Operationen, sondern auch körperliche Verspannungen, z. B. durch unbewältigten Streß sowie durch geistig-seelische Störungen. Die Wahrnehmung und Lenkung des in uns kreisenden Prãna ist nur in einem völlig gelösten, d. h. entspannten Zustand möglich. Bewußtes Entspannen ist daher ein wichtiger Bestandteil der Übungszyklen.

In neueren Studien wird ein Zusammenhang der Nadis mit den Faszien, dem Bindegewebe unseres Körpers, vermutet. Besonders der erste Übungszyklus des Surya Marga verbessert durch den rhythmischen Wechsel von Anspannung und Entspannung den Zustand des Bindegewebes, und so werden blockierte Nadis wieder frei und ein optimaler Durchfluß von Prãna erreicht.

Hara – Ort der Kraft

Hara ist gleich der wirksamen Essenz, z. B. einer Arznei, und ist zugleich das Feld oder der Ort, in dem sich diese Essenz befindet. Im Surya Marga ist damit der Ort gemeint, in dem sich unser Körperschwerpunkt befindet (ca. drei Finger breit unter dem Nabel) und sich die Lebensenergie sammelt. Es ist unsere Lebensbatterie, die speichert, weitergibt und wieder aufgeladen wird. Wie wir damit umgehen, entscheidet über die Lebensdauer dieser Batterie.

Innere Stärke und geistige Wachheit

Im Unterschied zur reinen physischen Stärke und Beweglichkeit, geht es beim Surya Marga auch darum, die innere Kraft zu entwickeln. Dies geschieht vor allem durch geistiges Training und Meditation. Die Energie strömt dann von selbst – ohne daß wir sie lenken müssen – in die Körperbereiche, wo sie besonders gebraucht wird. Der Bewegungsapparat wird z. B. bei Bedarf in seiner Aktivität mit der Energie versorgt, die weit über die Muskelkraft hinausgeht.

Auch unsere Intuition wird in der Meditation besonders gefördert. Aus ihr erwächst Kreativität, eine Fähigkeit, die uns das heutige Leben sehr erleichtern kann. Die Meditation mit ihrer aufmerksamen, nicht wertenden Betrachtung des gegenwärtigen körperlichen Zustandes, der seelischen Empfindungen und der Gedankenbewegungen ermöglicht uns das Erkennen unserer Ganzheit und der damit zusammenhängenden Prozesse. In dieser Erkenntnis liegt unsere Freiheit.

Die Art und Weise des Übens bestimmt also seine Wirkung. Ist diese Art mehr körperlich betont, wird das Resultat vor allem in der Stärkung des Bewegungsapparates zu sehen sein. Vielen genügt diese äußere Kraft. Entscheiden Sie sich darüber hinaus, Gefühle zu verstehen und die Gedankenkraft zu fördern, um den Energiefluß im ganzen Körper zu steigern, auch innere Stärke. Sie werden in der Lage sein, Ihr Energiesystem zu steuern und Resultate zu erzielen, die weit darüber hinausgehen, was wir Gesundheit und geistige Größe nennen.

Stimmen Sie sich ein

Schaffen Sie Raum. Im Sinne des Übens – des Entspannens – und der Meditation. Im Sinne der Aktivität – dem Geschehen-Lassen und dem Nicht-Tun. Im bewußten Erleben dieser Zustände sind wir in unserer Mitte. Hier ist unser Leben mit all seinen Möglichkeiten.

Nehmen Sie eine entspannte, doch aufrechte Haltung ein, die Hände bilden vor dem Bauch eine Schale, das »Siegel«, (S. 28, Abb. 1), die Daumen berühren sich leicht. Die rechte Hand liegt oben. Lassen Sie sich Zeit für die Betrachtung des folgenden Bildes, und denken Sie über den Text nach.

Meditationsgedanken

Der Raum

Er liegt in uns,
nur jenseits von allem,
mit dem wir uns normalerweise identifizieren.
Je mehr wir ihn spüren – ihn immer wieder aufsuchen –,
desto vertrauter werden wir mit ihm.
Es ist der Raum – der Garten – das Haus,
in dem wir sicher und geborgen sind,
ohne von den dunklen Wolken zerstörerischer Gefühle
zerfetzt zu werden.

Der erste Übungszyklus des Surya Marga

▶ Übung 1: Das Tor öffnen

Abb. 2: Sich selbst nach oben tragen

Sich Zeit lassen

Lassen Sie sich nach einer Übung immer noch Zeit zur Betrachtung und zum Nachdenken.

- Heben Sie Ihre Hände in der Siegelstellung langsam hoch. Dabei spannen Sie Ihre Beine an. Alle Zehen berühren den Boden. Die Beine langsam durchstrecken.
- Das Siegel so hoch wie möglich heben, dann öffnen Sie Ihre Arme und strecken sie weit nach oben. Die Handflächen zeigen nach oben.
- Drehen Sie Ihre Hände über Ihrem Kopf so, daß die Fingerspitzen zueinander zeigen (Abb. 2). Dabei beträgt die Entfernung zwischen den Fingern ca. 25 cm.

- Strecken Sie nun Ihren ganzen Körper: Ziehen Sie Ihre Beckenbodenmuskulatur an und den Bauch ein. Schieben Sie Ihr Kreuzbein nach vorne, und richten Sie die Wirbelsäule auf. Den Brustkorb aufgerichtet halten, zwischen den Schulterblättern einen Zug nach oben spüren. Ziehen Sie Ihr Kinn an den Hals, ohne den Kopf zu beugen. Stellen Sie sich vor, Sie wollten mit Ihrem Wirbel auf dem Hinterkopf den Himmel erreichen.

Halten Sie diese Streckung drei bis fünf Sekunden bei ruhiger, leichter Atmung.

- Entspannen Sie nun den ganzen Körper auf einmal. Das Becken aus der starren Haltung entlassen. Die Knie in eine leicht gebeugte Stellung bringen.
- Führen Sie Ihre Arme in einem Kreisbogen abwärts in die Ausgangshaltung der Hände zurück. Bilden Sie das »Siegel«.
- Lassen Sie sich Zeit, Ihren Empfindungen nachzuspüren. Nehmen Sie Ihre Gedanken dazu wahr, und sprechen Sie sie innerlich aus.

Meditationsgedanken

Es ist und war schon immer alles vorhanden.
Wir müssen uns nur dafür öffnen.
Dann strömt es von selbst und sprudelt aus uns hervor.

Übung 2: Die Energie strömt herein

- Ausgangsposition ist die Siegelhaltung der Hände.
- Führen Sie beide Hände vor dem Körper hoch, öffnen Sie die Hände vor dem Gesicht, nehmen Sie Ihre Arme hoch über Ihren Kopf, und bilden Sie mit den Armen und Händen einen Trichter (Abb. 3).
- Strecken Sie sich in Ihrem ganzen Körper dem Licht entgegen, und seien Sie sich bewußt, daß Energie einströmt.
- Lassen Sie nun Ihre Arme sinken, bis die Hände sich in Brusthöhe befinden. Ihre Hände bleiben ca. 10 cm voneinander entfernt und zeigen mit den Fingerspitzen nach oben.

Abb. 3: Trichter

Abb. 4: Hände vor dem Unterbauch

- Lassen Sie nun Ihre Hände weiter nach unten sinken bis vor den Unterleib, ca. drei Finger breit unter dem Nabel, die Handflächen voreinander, ohne sich zu berühren, mit kleinem Abstand zum Bauch (Abb. 4).
- Stellen Sie sich vor, daß sich die aufgenommene Energie im Hara-Nabelzentrum sammelt. Lassen Sie sich noch ein wenig Zeit für Ihre Empfindungen, und werden Sie sich Ihrer Gedanken dazu bewußt.

Meditationsgedanken

Eins sein
mit dem warmen, lebendigen Licht in unseren Zellen,
mit dem Sichtbaren
und mit dem Unsichtbaren,
das uns umgibt.

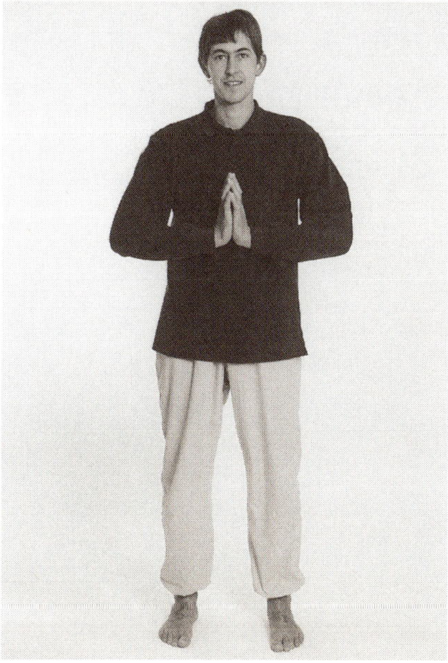

▶ Übung 3: Die Dankhaltung der Hände

Abb. 5: Dankhaltung der Hände

Hinweis

Atmen Sie während der Übungen ruhig und gleichmäßig. Halten Sie auch in der Anspannung den Atem nicht an!

- Ausgangshaltung ist die letzte Haltung der Hände vor dem Unterbauch.
- Heben Sie Ihre Hände hoch bis vor die Brust.
  Die Handflächen berühren sich nicht, nur die Fingerspitzen und die Handwurzeln (Ballen).
- Die Ellenbogen sind angehoben.
  Die Unterarme sollen eine möglichst gerade Linie bilden (Abb. 5).
- Lassen Sie sich in dieser aufrechten Haltung Zeit für ca. sieben ruhige, langsame und vollständige Atemzüge. Welche Empfindungen entwickelt Ihr Körper? Welche Gedanken beherrschen Ihre mentale Ebene?

Meditationsgedanken

Dankbarkeit läßt eine Tür,
die einmal geöffnet wurde,
für immer offen und
wartet auf unser Eintreten.

▶ Übung 4: Das liebevolle Geschenk

Abb. 6: Diagonale Streckung

- Ausgangsposition ist die Dankhaltung der Hände.
- Strecken Sie Ihre Arme schräg nach unten aus.
- Halten Sie die Hände mit den gestreckten Fingerspitzen diagonal ca. 30 cm vom Körper entfernt (Abb. 6).
- Spannen Sie den ganzen Körper an, und strecken Sie sich. Die Anspannung ca. fünf Sekunden halten.

- Ziehen Sie die Schultern, Arme und Hände kräftig nach unten. Beachten Sie Ihre Beckenbodenspannung.
- Dann entspannen Sie Ihren ganzen Körper und lassen sich noch ein wenig Zeit für Ihre Empfindungen.

Meditationsgedanken

Wir sind es selbst, den wir tragen.
Unser Blick hinauf zu den Bergen
erleichtert die Bürde
und macht uns schließlich frei.

▶ Übung 5: Im Kontakt mit dem Kosmos

Abb. 7: Streckung seitwärts

Abb. 8: Streckung seitwärts

- Ausgangsposition ist die Dankhaltung.
- Die Ellenbogen sind dabei angehoben, die Unterarme sollen möglichst eine gerade Linie bilden. Bleiben Sie in den Schultern locker.
- Strecken Sie den linken Arm seitwärts schräg nach oben aus. Die Hand befindet sich in Kopfhöhe mit der Handfläche nach vorne (Abb. 7).
- Strecken Sie nun Ihren ganzen Körper, die Füße drücken zum Boden – ziehen Sie dabei Ihre Beckenbodenmuskeln kräftig hoch (Gesäßspannung).
- Der rechte Arm behält seine Position bei.
- Die Anspannung ca. fünf Sekunden halten. Danach entspannen Sie sich. Lassen Sie Ihren Körper vollkommen erschlaffen. Führen Sie die Arme zurück, und bilden Sie vor der Brust wieder die Dankhaltung.
- Wiederholen Sie nun die Bewegungen seitenverkehrt. Das heißt: Beginnen Sie mit der Dankhaltung vor dem Brustkorb. Strecken Sie nun Ihren rechten Arm seitwärts aus (Hand in Kopfhöhe), den linken in der Position halten (Abb. 8).
- Dehnen Sie Ihren Brustraum aus. Strecken Sie sich in Ihrem ganzen Körper. Spannen Sie Ihre Beckenbodenmuskeln an (hochziehen), die Anspannung ca. fünf Sekunden halten, danach den Körper auf einmal entspannen, die Arme zurückführen und die Dankhaltung bilden.
- Atmen Sie während der Übung ruhig und gleichmäßig. Halten Sie den Atem auch während der Anspannung nicht an.
- Lassen Sie sich nach der Übung noch ein wenig Zeit für Ihre Empfindungen und Gedanken.

Meditationsgedanken

Eine Bewegung leicht wie der Wind,
ein Zustand hell und klar,
entspannt, doch voller Energie,
das ist das Tor nach innen.

▶ Übung 6: Offen und ausgebreitet

Abb. 9: Ausgebreitete Arme

- Ausgangsposition ist die Dankhaltung.
- Strecken Sie Ihre Arme seitwärts weit aus. Sie bilden mit den Schultern eine Linie, die Handflächen zeigen dabei nach unten (Abb. 9).
- Spannen Sie Ihren ganzen Körper an, auch das Gesäß, und strecken Sie sich. (Der Scheitel zieht stets nach oben, das Kinn ist dabei gesenkt.) Halten Sie die Anspannung ca. fünf Sekunden.
- Danach entspannen Sie sich in Ihrem ganzen Körper (auf einmal loslassen).
- Führen Sie Ihre Arme zurück, und bilden Sie mit den Händen zum Abschluß die Dankhaltung.
- Spüren Sie Ihren Empfindungen nach, und sprechen Sie innerlich aus, was Sie gerade denken.

Meditationsgedanken

Das Meer der Lebenskraft,
eine tiefe Sehnsucht bestimmt die Suche,
überall suchen wir,
doch wir finden es nur in uns.

▶ Übung 7: Eintauchen ins Energiemeer

Abb. 10: Fingerspitzen vor den Oberschenkeln

- Ausgangsposition ist die Dankhaltung.
- Lösen Sie Ihre Hände voneinander, und strecken Sie die Arme nach unten aus.
- Halten Sie die Hände mit den Fingerspitzen nach unten zeigend dicht vor den Oberschenkeln (Abb. 10).
- Spannen Sie Ihren ganzen Körper an, und strecken Sie sich.

- Halten Sie die Anspannung ca. fünf Sekunden bei ruhiger Atmung, danach entspannen Sie sich in Ihrem ganzen Körper. Lassen Sie ganz spontan los.
- Führen Sie Ihre Arme zurück, und bilden Sie dann mit den Händen die Dankhaltung.
- Geben Sie Ihren Empfindungen und Gedanken Raum.

Meditationsgedanken

Das Wort Geb*et* enthält einen Schlüssel: *Ge* – bet

▶ Übung 8: Wir tragen unser Kreuz

Abb. 11: Fingerspitzen gestreckt nach hinten

- Ausgangsposition ist die Dankhaltung.
- Lösen Sie Ihre Hände voneinander.
- Führen Sie Ihre Arme abwärts und weit hinter Ihren Körper.
- Die Fingerspitzen zeigen gestreckt nach hinten (Abb. 11). Achten Sie darauf, im Brustkorb aufgerichtet zu bleiben.

- Spannen Sie den Körper an, und strecken Sie sich (Zur Erinnerung: die Beckenbodenmuskeln anziehen). Die Spannung ca. fünf Sekunden halten.
- Danach entspannen Sie sich ganz spontan, führen die Arme zurück und bilden mit den Händen die Dankhaltung.
- Ihre spontanen Empfindungen und Gedanken bestimmen Ihr inneres Leben und Ihren Ausdruck.

Meditationsgedanken

Weisen wir von uns,
was nicht zu uns gehört.
Lassen wir los, was uns nicht glücklich macht.
Wenden wir uns dem zu, was wir sind.

▶ Übung 9: Alles, was nicht zu uns gehört, weisen wir von uns

Abb. 12: Arme in Schulterhöhe ausgestreckt

- Ausgangsposition ist die Dankhaltung.
- Lösen Sie die Hände voneinander.
- Strecken Sie die Arme in Schulterhöhe aus.
- Die Hände aufgerichtet halten, die Fingerspitzen schließen mit der Schulterhöhe ab.
- Strecken Sie nun Ihren ganzen Körper, die Füße drücken zum Boden, und spannen Sie die Gesäßmuskeln an, wobei Sie die Beckenbodenmuskeln anziehen.
- Ziehen Sie Ihre Schultern leicht zurück und das Kinn zum Hals, ohne den Kopf zu beugen (Abb. 12). Die Spannung ca. fünf Sekunden halten.
- Danach entspannen Sie Ihren Körper, lassen Sie ganz spontan los.
- Führen Sie Ihre Arme zurück, und bilden Sie die Dankhaltung. Spüren Sie auch dieser Bewegung nach.

▶ Übung 10: Wir sammeln, was wir geerntet

Abb. 13: Hände vor dem Unterbauch

- Die Ausgangshaltung ist die Dankhaltung.
- Lassen Sie Ihre Arme langsam sinken.
- Legen Sie Ihre Hände übereinander vor den Unterbauch (Hara), die rechte Hand nach innen (Abb. 13).
- Lenken Sie Ihre ganze Aufmerksamkeit auf diesen Punkt, und versuchen Sie, die sich sammelnde Energieströmung hier wahrzunehmen.
- Lassen Sie sich Zeit für diese Empfindung. Bleiben Sie einfach mal eine Minute stehen – lächelnd, atmend, entspannend.
- Danach schließen Sie diesen Übungszyklus mit der Siegelhaltung (Seite 28, Abb. 1) ab.

Der ganze Übungszyklus auf einen Blick

1

2

3

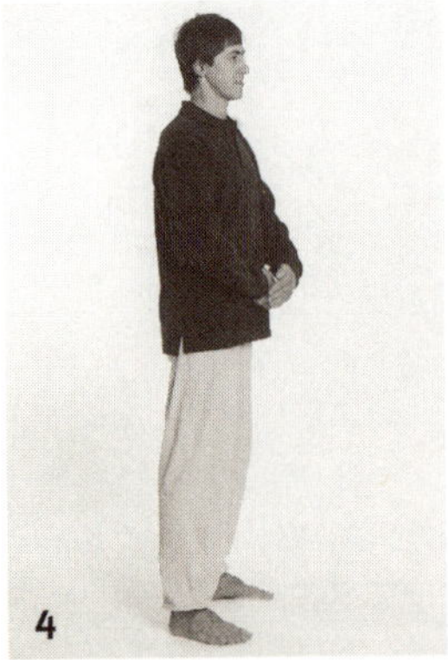
4

Abb. 1: Siegelhaltung der Hände
Abb. 2: Sich selbst nach oben tragen
Abb. 3: Trichter
Abb. 4: Hände vor dem Unterbauch
Abb. 5: Dankhaltung der Hände
Abb. 6: Diagonale Streckung
Abb. 7: Streckung seitwärts
Abb. 8: Streckung seitwärts
Abb. 9: Ausgebreitete Arme
Abb. 10: Fingerspitzen vor den Oberschenkeln
Abb. 11: Fingerspitzen gestreckt nach hinten
Abb. 12: Arme in Schulterhöhe ausgestreckt
Abb. 13: Hände vor dem Unterbauch

5

6

7

8

9

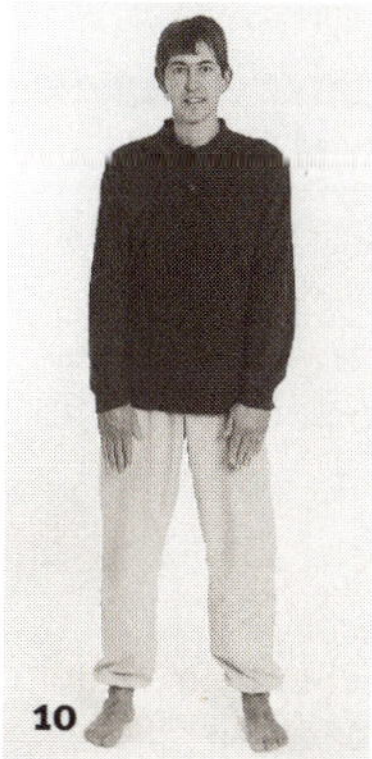
10

11

12

13

Meditation

Strahlen Sie Ihr Licht aus!

Setzen Sie sich auf einen Stuhl oder einen Sessel, am besten vor einen Tisch, auf den Sie das Buch legen können. Legen Sie Ihre Hände, die rechte in die linke gelegt (Siegelhaltung), vor Ihren Unterleib. Bleiben Sie während der Meditation so aufrecht wie möglich. Lassen Sie Ihre Augen nach unten sinken, entweder auf die Buchzeilen, oder Sie lassen sie auf dem Boden ausruhen, nachdem Sie einige Zeilen gelesen haben und diese innerlich nachvollziehen können.

- Entspannen Sie nun Ihr Gesicht. Entspannen Sie Ihre *Stirnmitte,* vor allem den Bereich zwischen den Augenbrauen. Stellen Sie sich vor, Ihre Stirn könnte sich hier leicht nach außen wölben. Schaffen Sie so etwas mehr Raum. Es kann sein, daß Sie dabei das Gefühl bekommen, hier von Licht durchflutet zu werden. Bleiben Sie nun einfach eine Weile in der Empfindung eines entspannten weiten Stirnraumes.

- Die Augenwinkel werden sich dabei ganz von selbst ein wenig herabziehen, und Ihr Mund wird lächeln wollen. Ganz automatisch wird sich auf diese Empfindung, heitere Gelassenheit, Ihre Atmung vertiefen. Bleiben Sie jedoch weiter aufmerksam in Ihrem Kopfraum. Achten Sie nun auf Ihre Gedanken. Versuchen Sie, diese zu ersetzen durch die Worte »Ich bin eins mit dem Licht« und »Licht strömt und breitet sich aus«. Während dieser konzentrierten Gedanken achten Sie auch auf Ihre Körperempfindungen, z.B. Pulsieren, Prickeln, energetisches Strömen an verschiedenen Körperpunkten, aber besonders in den Handflächen. Nach einigen Minuten dieser Konzentration lassen Sie Ihre Aufmerksamkeit in Ihr *Herzzentrum* sinken.

- Stellen Sie sich in der Gegend Ihres Herzens nun eine goldene Lichtflamme vor, die mit jedem Einatmen größer wird und mit jedem Ausatmen, von hier ausgehend und sich dabei wie ein Sonnenrad drehend, durch Ihren Körper strömt. Denken Sie anstelle anderer Gedanken: »Licht breitet sich aus.« Versuchen Sie, dabei die Empfindung zu entwickeln, daß das drehende Lichtrad alle Körperzellen erreicht, sie mit Licht durchströmt und dann weiter von innen nach außen in Richtung Haut strömt. Alles, was vom Lichtrad berührt wird, bleibt nun mit Licht erfüllt.

- Lassen Sie nun das Licht durch Ihre gesamte *Hautoberfläche* nach außen strahlen – durch jede Pore –, bis Sie das Gefühl haben, zu strahlen wie die Sonne und ihre Corona. Versuchen Sie nun, dieses Licht in die Umwelt auszustrahlen, und seien Sie dabei überzeugt, daß Sie nicht nur Ihr Lebensfeld (Ihre *Aura*) durchstrahlen, sondern tatsächlich den Raum und die Menschen, die sich darin befinden, ebenfalls mit Licht durchströmen.

- Breiten Sie sich aus – verströmen Sie Ihr Licht – es kennt keine Grenzen. Bleiben Sie, solange es Ihr Empfinden zuläßt, in diesem Zustand, wobei die Aufmerksamkeit immer wieder auf die Ausstrahlung gelenkt wird.

Kapitel 4

- Erleben Sie die große Kraft des Atems
- Der Atem verbindet Körper und Seele
- Lassen Sie los, was Sie nicht glücklich macht

Wie Sie mit gezielter Unterstützung durch Atemtechniken nicht nur Energien freisetzen, sondern auch die schon effektiven Wirkungen des Surya Marga noch einmal steigern können.

Die große Kraft des Atems

Keine unserer Körperfunktionen ist so wichtig wie die Atmung mit ihrem Sauerstofftransport. Bleibt unser Gehirn nur zwei oder drei Minuten ohne Sauerstoff, wird ein gesunder Körper funktionsunfähig.

Das Gefühl, atemlos zu sein – nicht mehr ein- oder ausatmen zu können –, ist eine der schrecklichsten Erfahrungen, die wir in unserem Leben machen können. Eine der schönsten Erfahrungen ist dagegen, in einem vollkommen entspannten Zustand tief und trotzdem leicht zu atmen, als ob wir von der Luft bewegt würden.

Von vielen Menschen wird angenommen, daß sie nicht richtig atmen. Eine »echte« Falschatmung hängt jedoch immer mit Erkrankungen der Atemwege, Lunge, des Zwerchfells oder des Herzens zusammen. Das vermutete falsche Atemmuster beruht fast immer darauf, daß der Körper in belastenden Situationen, z. B. bei einer Krankheit, bei seelischen Störungen oder bei chronischen Streßzuständen sich eine zu kurze, flache Atmung angewöhnt, die sehr unergiebig ist und demnach zur Sauerstoffunterversorgung führt.

Zu wenig Sauerstoff wird in erster Linie die Herzleistung verringern, später den gesamten Kreislauf schwächen und im Bewegungsapparat in etlichen Muskelpartien Durchblutungsstörungen bewirken. Die gesunde Lebensleistung des gesamten Organismus hängt also von einer guten Atmung mit entsprechender Sauerstoffversorgung ab.

Die Atmung ist uns zugänglich

Schon vor ca. 4000 Jahren haben sich alte Kulturvölker mit dem Atem als einen Phänomen des Lebens beschäftigt. Besonders hervorzuheben sind dabei die indischen Lebensphilosophien, wie der Yoga und die altindische Medizin, Ayurveda genannt, oder die traditionelle chinesische Medizin, die dem Atem ebenfalls eine ganz besondere Bedeutung für die Lebensqualität zumißt. Beide Behandlungsmethoden haben sich einen beachtenswerten Platz in der westlichen Welt erobert und finden immer mehr Menschen, die sich von dieser ganzheitlichen Sicht des Herzens angezogen fühlen.

Durch neuere Studien wissen wir, daß eine auf die Bewegung ausgerichtete Atmung deren gesundheitsfördernde Wirkung beträchtlich erhöht und daß die gesamte Entspannung des Organismus durch die Entspannung des Atems bewirkt werden kann. Und die kann man lernen! Die Atmung ist uns zugänglich. Auf der einen Seite ist sie ein automatischer (vegetativer) Vorgang, auf der anderen Seite können wir sie beeinflussen.

Jeder und jede von uns ist in der Lage, langsamer oder schneller zu atmen oder gar den Atem anzuhalten. Das Wissen um diese Techniken ermöglicht uns, die Atmung so einzusetzen, daß sich unser Energiedurchfluß und unsere Leistungskraft um ein Vielfaches erhöhen.

Der Atem verbindet Körper und Seele

Emotionale Konflikte, ein falscher Umgang mit chronischem Streß, Schmerzzustände und dergleichen mehr schränken das natürliche Atmen ein. Wenn die Atmung »stockt«, ist das z. B. ein äußerer Ausdruck für emotionale Blockaden. Wenn Sie sich einmal dabei beobachten würden, wie Ihr Atemmuster sich verändert, wenn eine Lebenssituation sich verändert, wären Sie sicher sehr erstaunt, wie ausdrucksstark gerade Ihr Atemmuster ist. Freude läßt Sie ganz spontan tiefer und freier atmen. Liebevolle Gefühle machen das Leben, den Atem, leicht. Eine überstandene schwierige Situation läßt Sie tief aufatmen. Ist Ihr Körper gefordert durch kraftvolle Aktivitäten, wird ganz automatisch Ihre Reserveatmung mit einsetzen. Trauer wird Sie flach atmen lassen. Schmerz wird auch in Ihrem Atemmuster eine Schonhaltung zeigen. Depressive Verstimmungen lassen Sie erstarren – Ihren Atem auch. Streß verzerrt den Lebensrhythmus von Spannung und Entspannung, auch Ihrem Atemrhythmus fehlt dann die entspannende Ausatmung.

Alles, was Ihnen begegnet und Gefühle freisetzt, wird sich durch Ihr Atemverhalten sichtbar ausdrücken.

Wollen Sie wissen, wie es Ihnen wirklich geht, und nicht, wie es Ihr Verstand behauptet, dann achten Sie darauf, wie Sie atmen. Machen Sie doch gleich einmal eine Atempause, legen Sie das Buch weg, und beobachten Sie sich beim Atmen.

Atempause

Atmen Sie länger aus oder länger ein? Allein die Feststellung, daß Ihre Ausatmung länger ist oder Ihre Einatmung mehr Zeit braucht, läßt bereits auf Ihre geistig-seelische Verfassung schließen.

Wenn wir den Atem mit Leben gleichsetzen, dann können Sie aus Ihrem Atemverhalten folgern, wie Sie mit Ihrem Leben umgehen.

- Was veranlaßt beispielsweise Ihren Körper, lange einzuatmen?
- Welche Lebensgrundbedürfnisse können dahinterstecken?
- Was erlauben Sie sich nicht?

Jeder unserer inneren Wünsche wird sich in irgendeiner Form zum Ausdruck bringen. Wenn wir nicht darauf hören und immer wieder versuchen, innere Bedürfnisse zu verdrängen, weil unsere Einstellungen uns glauben machen »Das ist unrecht«, werden emotionale Blockaden daraus entstehen. Diese kosten Lebensenergien und machen uns schließlich krank.

Gehören Sie zu den Menschen, deren Ausatmung länger dauert, fragen Sie sich, warum Ihre Ausgaben nicht mit Ihren Einnahmen übereinstimmen. Sich für andere zu verausgaben ist sicher ein schöner Zug, doch für jeden von uns ist genug Leben, genug Atem vorhanden. Niemand muß hier sparen. Diese Energie ist tatsächlich im Überfluß da. Wir alle haben das Recht, gut zu leben.

Die Grundtechnik des Atmens

Mit dieser Atemtechnik, die insbesondere die Nasenfunktion verbessert und somit die Einatmung auf eine ganz natürliche Weise vertieft, werden Sie Ihre drei Atembewegungen kennenlernen. Grundsätzlich sind Ihr Zwerchfell und auch Ihr Brustkorb an allen Atembewegungen beteiligt.

Es gibt keine isolierte Bauch- oder Brustkorbatmung. Je nach Emotion wird sich die wahrnehmbare Bewegung in Ihrem Körper verlagern.

Lernen Sie nun die Schnief- und Pfeifatmung kennen und anwenden. Dabei wird auf ganz natürliche Weise die Tiefatmung erzielt.

- Setzen Sie sich auf einen Stuhl, nutzen Sie dabei die gesamte Sitzfläche aus – das Gesäß also weit nach hinten schieben. Die Beine breit aufstellen, eventuell eine zusammengefaltete Decke oder einen Fußhocker benutzen. Den Rücken lehnen Sie an – möglichst so, daß auch der Bereich der Lendenwirbelsäule anlehnen kann –, das hält Sie gerade.
- Den Brustkorb richten Sie vorne gut auf. Versuchen Sie, auch Ihre Schulterblätter an der Lehne zu halten. Legen Sie Ihre Hände übereinander auf den Unterleib; die linke umfaßt dabei das Handgelenk der rechten. Die Ellenbogen dicht am Körper halten. Diese Haltung unterstützt die gute Durchführung der Tiefatmung und stärkt Ihren Rücken.
- Die Ausatmung: Atmen Sie einige Male mit spitzen Lippen aus – so als wollten Sie pfeifen. Führen Sie diese Bewegung langsam und sorgfältig aus. Damit es zu einer vollständigen Atmung kommt, darf die Ausatmung nicht zu kurz sein. Können Sie spüren, daß Ihr Brustkorb schmaler wird? Wenn Sie lange genug ausatmen und danach einmal warten, bis Ihr Körper von selbst einatmen will, werden Sie sicher wahrnehmen können, daß sich auch Ihr Bauch einzieht. Falls diese Baucheinziehung zu schwach ist, helfen Sie ein wenig mit, indem Sie beim Ausatmen die Bauchmuskeln einziehen.
- Die Einatmung: Schauen Sie dabei vor sich auf den Boden, und lassen Sie Ihre Augen hier ausruhen – den Nacken dabei nicht so sehr beugen. Ziehen Sie nun die Atemluft mit verengten Nasenflügeln ein: schniefen Sie. Ihr Einschniefen sollte leicht und ohne Druck vor sich gehen. Probieren Sie aus, wie es am besten für Sie geht. Führen Sie auch diese Bewegung langsam und sorgfältig aus. Auch die Einatmung braucht Zeit.
- Können Sie spüren, daß sich unter Ihren Armen der Brustkorb weitet? Und sich unter Ihren Händen der Bauch vorwölbt? Ihr Bauch muß sich immer wieder am Ende der Ausatmung einziehen und zu Beginn der

Einatmung leicht nach vorne ausdehnen. Stellen Sie sich einen Blasebalg vor, der sich gleichmäßig ausdehnt und gleichmäßig zusammenzieht.

Es könnte sein, daß Ihnen bei dieser Übung etwas schwindlig wird. Halten Sie dann einfach die Luft kurz an, und machen Sie eine Pause. Ihr Körper braucht nur ein wenig Zeit, um sich an die größere Menge Sauerstoff zu gewöhnen. Achten Sie einfach auf Ihre Bauchbewegung und darauf, daß Ihre Einatmung und Ihre Ausatmung ausgewogen sind. Zählen Sie beim Einatmen z.B. 1 – 2 – 3 und – da die Ausatmung immer etwas länger dauert – beim Ausatmen 1 – 2 –3 – 4 –5 – 6 – und wieder einatmen. Dieser Rhythmus läßt sich ausdehnen. Probieren Sie, was für Sie gut paßt. Diese Grundtechnik wird auch für unsere energetischen Übungszyklen von Bedeutung sein. Um die Ausatmung besonders zu schulen, atmen Sie einmal durch einen Strohhalm aus: Einschniefen – und ganz normal mit der Ausatmung beginnen, dann den Strohhalm benutzen und die Restluft durch den Strohhalm vollständig ausblasen. Achten Sie dabei auf Ihre Atembewegungen im Körper, sie werden noch intensiver sein.

Die gezielte Atmung beim Surya Marga

Ich gehe nun davon aus, daß Sie den ersten Übungszyklus des Surya Marga bereits beherrschen. Die Übungen sind an sich schon besonders wertvoll, doch durch die Atemtechniken wird Ihre Effektivität noch einmal gesteigert. Vielleicht hat sich ja Ihre Atmung schon ganz automatisch einen begleitenden Rhythmus angewöhnt. Ich möchte Ihnen jetzt einen Rhythmus vorschlagen, der die Wirkungen des Surya Marga noch beträchtlich erhöht. Es geht um das Atem-Anhalten.

- Dadurch wird mehr Sauerstoff aufgenommen und die Durchblutung der Zellen besonders angeregt.
- Der Kohlendioxydgehalt im Blut wird angehoben. Das beruhigt und ist ein natürliches Mittel, um Ängste zu beseitigen.
- Prãna (Lebensenergie) wird aufgenommen.

Hinweis

Herz-Kreislauf-Probleme

Wenn jemand im Herz-Kreislauf-System Schädigungen hat, wie z. B. nach einem Herzinfarkt oder nach Bypassoperationen oder auch Herz-Rhythmus-Störungen darf er den Atem nicht anhalten. Das Herz erhält dann keine ausreichende Versorgung. Natürlich müssen Sie dann nicht auf die Übungen verzichten. Am besten atmen Sie mit der angegebenen Grundtechnik in einem für Sie leicht durchzuführenden Rhythmus ständig weiter. Auch in diesem Fall stellt sich ein wohltuender Rhythmus ein.

- *Die Anhaltetechnik nach dem Einatmen* (während des Übungszyklus)
  Während der Siegelhaltung und auch während der Einstimmungen atmen Sie leicht und ganz natürlich – Sie lassen Ihren Körper atmen. Am Beginn jeder Bewegung, die in die Anspannung führt, atmen Sie leicht schniefend ein, halten dann während der Anspannungsphase den Atem leicht und ganz ohne Druck an, danach atmen Sie langsam aus, während Ihr Körper spontan entspannt. Achten Sie darauf, daß Sie vollständig ein- und ausatmen und sich keine Hektik einstellt. Bauen Sie vor allem keinen Druck auf!

- *Die Anhaltetechnik nach dem Ausatmen* (während des Übungszyklus)
  Am Beginn der Bewegung, die in die Anspannung führt, atmen Sie mit gespitzten Lippen (ohne pfeifenden Ton) langsam aus und bleiben dann während der Anspannungsphase ausatmend. Danach atmen Sie ruhig, leicht schniefend ein, während Ihr Körper spontan entspannt.

Probieren Sie aus, was Ihnen guttut. Achten Sie auf Ihre Körperempfindungen; sie sagen Ihnen, welche Atemtechnik für Sie richtig ist.

Energien freisetzen durch die Tiefatmung

Die Nase ist zum Atmen da. In ihr erwärmt sich die Luft, wird sie befeuchtet und auch keimfrei gemacht. Wenn wir durch den Mund ausatmen, ermöglicht uns diese Technik, für kurze Zeit die Lunge besser zu entlüften. Grundsätzlich ist es natürlich und auch richtig, durch die Nase auszuatmen.

Das Freisetzen von Energien erfordert jedoch, daß wir der Atmung auch einen geistigen Inhalt beimessen. So kann unsere Ein- und Ausatmung z. B. mit gedanklichen Vorstellungen besetzt werden. Die kontrollierte Ein- und Ausatmung ist dann eine weitere Möglichkeit, unsere Lebenskräfte zu stärken und unseren Geist zu beruhigen. Das Gefühl, sich zu reinigen, können wir so enorm verstärken, wenn wir uns bewußt machen, was wir mit der Ausatemluft loslassen – z. B. unangenehme Empfindungen.

In der folgenden Übung lernen Sie, wie Sie Ihre Gefühle beim Atmen loslassen und sich für tiefer liegende Emotionen öffnen können.

- Atmen Sie langsam und besonders leicht durch beide Nasenöffnungen ein, und versuchen Sie, diesen Gedanken zu folgen: »Ich lasse meine Gefühle der Wut (des Zorns, des Ärgers) an die Oberfläche kommen.«
- Wiederholen Sie die Gedanken während der nächsten fünf bis sechs Atemzüge, und achten Sie auf die kleinsten Veränderungen im Gefühlsbereich.

Probieren Sie diese Übung auch mit anderen Gefühlsmustern wie Angst, Trauer oder Schuld. Selbst wenn Sie glauben, diese Gefühle seien gar nicht in Ihnen vorhanden, tun Sie es einfach mal und sehen es als Übung an. Die Übung läßt sich auch hervorragend in Ihre Grundatemtechnik einbauen.

Mit der Ausatmung Gefühle loslassen

Viele reden vom Loslassen und wissen manchmal gar nicht so genau, was damit gemeint ist. Ich möchte Ihnen jetzt die Übung des Loslassens vorstellen.

- Nehmen Sie eine bequeme, doch möglichst aufrechte Haltung ein.
- Atmen Sie leicht und ruhig durch beide Nasenöffnungen ein.
- Atmen Sie langsam, ganz bewußt aus, dabei erlauben Sie sich folgende Vorstellung: »Ich kann die tief in meinem Innern sitzende Wut (den Zorn, den Ärger, den Frust usw.) loslassen.«

- Nehmen Sie sich Zeit, diese Gefühle nicht nur zu betrachten, sondern versuchen Sie, hindurchzutauchen. Es wird nichts Aufregendes geschehen, denn die Art und Weise Ihrer Atmung ist von beruhigender Wirkung.

Schauen wir etwas in Ruhe an, wird das Problem mit dem begleitenden Gefühl, keines mehr sein, kleiner und kleiner. Mit zunehmender Übung dieser mentalen Prozesse wird selbst der widerspenstige Verstand lernen, Emotionen freizusetzen und Ihre Atmung als einen wesentlichen Bestandteil dessen zu akzeptieren.

Meditation

Wahrnehmen, was ist

Wir versuchen nun, Ruhe körperlich wahrzunehmen. Wenn andere Wahrnehmungen, Gedanken oder Gefühle auftauchen (was am Anfang immer wieder geschehen wird), kehren wir geduldig zu dem Körperteil zurück, in den wir uns bewußt und aufmerksam einfühlen können, und erspüren erneut die Ruhe in diesem Bereich.

- Wir beginnen bei den *Füßen und Beinen* und erspüren, ob die Muskulatur sich entspannt hat und wirklich ruhig ist. Wenn noch Spannungsgefühle spürbar sind, warten wir ab, bis sich Ruhe einstellt. Die innere Einstellung auf Ruhe genügt – und Ruhe breitet sich aus. Also nicht Ruhe *wollen,* denn Willensanstrengungen hindern eher diese Wirkung.

- Wir erspüren nun, ob die Atembewegung ruhig ist. Ohne in den Rhythmus einzugreifen, erforschen wir ganz ohne Wollen die Ruhe im *Bauch* in der Atembewegung und im elastischen Nachgeben der Bauchdecke. Warten Sie geduldig, bis aller Atem in Ruhe bewegt wird und Sie sich in Ihrem Bauch wohl und ganz ruhig fühlen. Durch die ruhige Bewegung des Atems kann uns die Ruhe um so bewußter werden.

- Nun erspüren wir auf dieselbe Weise unseren *Rücken* von unten nach oben, warten ab, bis die Ruhe spürbar wird, und wir uns ganz ruhig fühlen.

● Anschließend leben wir uns in die *Schulter- und Nackenmuskulatur* ein. Wenn nichts gewollt oder erzwungen wird, stellt sich Ruhe ein.

● Ruhe kann nur werden, wenn alles Wollen losgelassen wird. Spüren Sie aufmerksam nach, ob auch in den *Armen und Händen* Ruhe entstanden ist – ob Sie ganz ruhig sind.

● Wie fühlt sich der *Kopf* an? Hat Ruhe sich ausgebreitet, oder ist sie noch im Werden?

● Lassen Sie sich Zeit, und erspüren Sie den Raum hinter Ihrer *Stirn*, hinter Ihren *Augen*, und warten Sie geduldig ab, bis Ruhe entstanden und fühlbar geworden ist. Nun wird die Ruhe auch in Ihrem *Mund,* hinter Ihrer *Zunge* und in Ihrem *Hals* spürbar sein.

● Wir erspüren nun den *Brustraum* und warten geduldig, bis die Ruhe spürbar wird. Ist die *Atembewegung* noch ruhiger geworden? Wird der *Herzschlag* bewußt? Spüren wir nach, ob auch er ruhig ist. Wenn wir nichts bewerten, d.h. nicht über Empfindungen nachzudenken beginnen, ohne jede Vorstellung und ohne jedes Wollen bleiben, wird die Ruhe immer mehr zunehmen und schließlich auch den ganzen Brustraum durchstrahlen. Ruhe ist spürbar.

● Wir erspüren nun den Körper als *Ganzes*. Können wir Ruhe spüren? Ruhe wahrnehmen? Hat sich der Zustand der Ruhe vertieft – oder spüren wir noch immer ein Bedürfnis nach Bewegung? Gibt es noch Unruhen? Wir lassen alles zu, ohne einzugreifen oder zu werten. Nur so kann tiefe Ruhe werden, die nun den ganzen Organismus durchströmt.

● Nun überlassen wir den Körper sich selbst und spüren nach, ob in unseren *Gefühlen* Ruhe ist oder ob noch etwas hineindrängt. Ist dies der Fall, lassen wir mit jedem Ausatmen etwas von diesen Gefühlen los. Wir suchen nun wieder das Gefühl »Ruhe« in uns und geben der Ruhe unsere ungeteilte Aufmerksamkeit. Wieder warten wir ab, bis wir gänzlich Ruhe empfinden; sie wird sich ganz von allein noch mehr vertiefen.

● Und wie ruhig ist unser *Geist*? Jeden anderen Gedanken ersetzen wir nun mit »Ruhe«, ohne ein Wollen damit zu verbinden. Wir bleiben auf

Ruhe eingestellt und warten auch hier ab, bis sich alle Gedanken beruhigt haben – und unser Bewußtsein ganz von Ruhe besetzt ist. Nun lassen wir auch das Denken los. Je länger wir diesen Zustand hellwach aufrechterhalten können, um so tiefer wird die Ruhe.

- Zuletzt spüren wir Ruhe als ganzer Mensch! Gleichzeitig versuchen wir nun, Ruhe körperlich zu fühlen, zu empfinden und ganz bewußt zu erleben. Gelingt es uns, möglichst frei von allen Anstrengungen, Vorstellungen, von jedem Wollen, Ruhe ganz von selbst kommen zu lassen, entsteht ein wirkliches Erleben von Ruhe, welches auch das Noch-denken-Müssen immer mehr ablöst. Unsere Konzentration geht nun in die Meditation über, in das bewußte Schauen und Erleben der Ruhe.

Kapitel 5

- Erkennen Sie Ihre Energieräuber, und aktivieren Sie Ihren besten Freund – die universelle Intelligenz

Im zweiten Übungszyklus des Surya Marga steigern Sie die Wahrnehmungs- und Empfindungsfähigkeit für die Arbeit Ihrer Energiezentren. Ihre Konzentration – Ihr Wille und Ihre Vorstellungskraft lassen Sie zum Schöpfer werden.

Unsere Energiezentren

Ohne Energie erreichen wir kein Ziel, ohne Energieaufwand lösen wir auch keine Probleme. Ist unser Energiepotential erschöpft, geht alles viel langsamer. In der inneren Kommunikation lassen sich die Konflikte erkennen, die wesentlich zum Energiemangel beitragen.

Energieräuber

Wo verlieren und wo blockieren wir unnötig Energie? Diese Frage sollten wir uns immer wieder stellen. Die nachfolgende Aufzählung nennt die gravierendsten Energieräuber:

- **Konflikte**

Konflikte sind Energieräuber Nummer eins. Um möglichst viel Energie zu behalten, müßten wir lernen, den Kampf einzustellen, den Kampf gegen andere, gegen Situationen und gegen uns selbst. Akzeptanz und liebevolles Einfühlungsvermögen sind der Schlüssel, der alle Konflikte löst.

- **Gefühle**

Auch Gefühle, wie z.B. Ärger, Wut, Zorn, verbrauchen sehr viel Energie. Wir drehen uns dabei oft im Kreis, verfangen uns in den Gedanken, Unrecht erlitten zu haben, lassen andere mit ihrem Verhalten Macht über uns gewinnen und verlieren noch eine Menge Energie dabei. Hilfreich wären hier z.B. folgende Fragen: »Wie komme ich da am schnellsten raus?« oder »Welche Möglichkeiten habe ich, diese Situation anders zu bewerten!« statt »Wie kann man mir so etwas antun?«

- **Angst**

Angstgefühle können lähmen. Wir halten uns selbst fest, das Leben kann nicht mehr fließen, und Energieblockaden entstehen. Je größer unsere Unsicherheiten, desto mehr Angst erzeugen wir. Wie sehen Sie sich selbst? Haben Sie Angst, den (in der Regel von uns selbst gestellten) Anforderungen nicht zu genügen? Beobachten Sie sich, welche immer wiederkehrenden Gedankenmuster der Angst vorausgehen.

Urteilen – Verurteilen

Wissen Sie, was Sie in bestimmten Situationen immer wieder denken, wie Sie immer wieder Wertungen vornehmen? Wahrscheinlich nicht, denn dann würden Sie Ihre Gedanken über so manches ändern. Es ist eine unverrückbare Tatsache: Jeder Gedanke sucht seinesgleichen, jedes Gefühl verbindet sich mit dem gleichen, und die Strategie unseres Unterbewußtseins wird eine entsprechende Aktivität veranlassen. Sie sind stets dafür verantwortlich. Urteilen blockiert die Energie – und somit das Leben, denn Energie ist Leben.

Aktivieren Sie Ihre universelle Intelligenz

Wenn Sie einmal in Ruhe zurückblicken, werden Sie feststellen, daß Sie aus Ihrem angeblichen Fehlverhalten immer wieder etwas gelernt haben. Sehen Sie Ihre Krisen, Probleme und Ihr schuldhaftes Verhalten einmal als Geschenk an. Ein Geschenk, das Sie aus eingefahrenen Gleisen herausholt. So als ob es einen unsichtbaren Freund gäbe, der Ihnen helfen will, Ihr Leben gut zu meistern. Sie haben jetzt eine Chance.

Der Übungsweg des Surya Marga sowie das tiefere Wissen um die Zusammenhänge erlauben Ihnen, alte Strategien zu lösen, denn diese würden Sie nur immer tiefer in Ihren negativen Lebenskreislauf hineinführen. Lassen Sie sich ein wenig Zeit, über den folgenden Satz nachzudenken: »Wer glaubt, sich wichtig machen zu müssen, wenn er wichtig sein will, wird nie wichtig sein.«

Unsere vom Unterbewußtsein gesteuerten Strategien führen nur zu einem: zum *Verlust* von Energien. Das Loslassen dieser Strategien löst alle Blockaden auf und führt zum Fließen Ihrer Energien. Mit dem neuen Verhalten – Nicht-Tun und Loslassen des Alten und sich dem Neuen liebevoll zuwenden – aktivieren wir den Freund in uns, unsere universelle Intelligenz. In der Kommunikation mit ihr ermöglichen wir uns die optimale Entfaltung zweier Grundeigenschaften: Intellekt und Intuition.

Der zweite Übungszyklus des Surya Marga

Dieser Zyklus besteht aus sechs sehr ruhigen Übungen, die uns die Entwicklung und Wahrnehmung unserer Energiezentren ermöglichen. Diese Energiezentren, wir können sie uns in Form eines Sonnenrades vorstellen, drehen sich ununterbrochen und speichern die Energien, die uns mit dem Kosmos verbinden, um sie dann in geeigneter Form dem Körper zuzuführen. In den alten Weisheitslehren, aus deren Quellen auch Surya Marga stammt, wird erklärt, daß eine höhere Schwingungsfrequenz dieser Energieräder den Menschen nicht nur mit ungewöhnlichen Kräften ausstattet, sondern ihn auch nach ausreichender Entwicklung vor negativen Kräften schützt und zudem einen körperlich-seelischen Reinigungsprozeß in Gang setzt.

Meine Erfahrung mit Surya Marga hat mir gezeigt, daß sich tatsächlich, und zwar ganz besonders mit diesem zweiten Übungssatz, sich drehende Energieformen an unserem Körper wahrnehmen lassen. Ein Gefühl des Durchströmt-Werdens von Energien unglaublicher Intensität stellt sich ein. Diejenigen, die Surya Marga täglich praktizieren, sprechen von einem hohen Energiezuwachs.

Hellsichtige Menschen, so verspricht die Lehre, können Form und Farbe dieser Energiezentren sehen und anderen, noch nicht sehenden Menschen würde diese Fähigkeit nach nur kurzer Übungszeit zuteil. Aufgrund unserer Verschiedenartigkeit machen wir jedoch auch verschiedene Erfahrungen. Lassen Sie sich deshalb offen und aufnahmebereit auf die Praxis ein.

▶ Übung 1

- Wir beginnen mit der Siegelhaltung. Stehen Sie dabei aufgerichtet, doch locker und entspannt. Sammeln Sie Ihre Aufmerksamkeit auf Ihren Atem. Bleiben Sie ca. sieben ruhige, vollständige Atemzüge gesammelt stehen.
- Lösen Sie nun Ihre Handhaltung, und führen Sie die Arme langsam trichterförmig nach oben. Die Handflächen zeigen dabei zum Körper.

Abb. 14: Energierad über dem Kopf

- Führen Sie Ihre Arme über den Kopf. Die Hände zeigen mit den Handflächen nach unten (Abb. 14). Der Abstand zwischen den Fingerspitzen beträgt ca. 30 cm.
- Bei dem mit Ihren Armen gebildeten Kreis stellen Sie sich zwischen den Händen die sich drehende Form des Sonnenrades vor. Achten Sie darauf, in den Schultern, Armen und Händen möglichst locker zu bleiben. Entspannen Sie Ihr Gesicht durch das *innere Lächeln*.
- Lassen Sie Ihre Stirn sich nach vorne entspannen. Stellen Sie sich vor, Ihr Stirnraum wird innen größer und wölbt sich leicht nach vorne. Ihre Augenwinkel ziehen sich leicht herab. Ihre Mundwinkel ziehen sich leicht nach oben. Die Zunge locker lassen.
- Ihre Atmung wird sich daraufhin vertiefen, und es wird Ihnen leichter fallen, stehenzubleiben.

Die Übungsdauer kennt keine Grenzen, Sie bestimmen die Haltephase selbst. Unangenehme Empfindungen dürfen jedoch nicht aufkommen.

▶ Übung 2

Abb. 15: Energierad vor dem Bauch

- Ausgangsposition ist die vorhergehende Handhaltung über dem Kopf. Ihre Körperhaltung bleibt aufgerichtet, locker und entspannt.
- Lassen Sie Ihre Arme langsam sinken. Die Hände halten Sie wie Schalen, vor dem Bauch (Abb. 15). Der Abstand zwischen den Fingerspitzen beträgt ca. 10 cm.
- Heben Sie Ihre Ellenbogen leicht an, daß die Arme einen Kreis bilden können. Stellen Sie sich das drehende Sonnenrad zwischen den Händen vor.
- Hören Sie nach innen. Bleiben Sie aufmerksam in Ihrem Kopf und aufmerksam in Ihrem Körper. Beurteilen Sie nichts. Schauen Sie Ihre Gedanken so an, als wären es kleine vorüberziehende Wolken an einem Sonnenhimmel.

Die Übungsdauer ist unbegrenzt. Es sollten mindestens sieben ruhige, vollständige Atemzüge sein.

▶ Übung 3

Abb. 16: Energierad vor dem Kopf

- Ausgangsposition ist die vorhergehende Handhaltung.
- Führen Sie Ihre Arme langsam trichterförmig nach oben. Die Handflächen zeigen dabei zum Körper. In Stirnhöhe halten Sie an (Abb. 16).
- Die Fingerspitzen zeigen zueinander. Der Abstand zwischen ihnen beträgt ca. 15 cm
- Die Arme sollen nun einen Kreis bilden. Der ganze Körper bleibt entspannt stehen. Versuchen Sie, sich die drehende Form des Sonnenrades zwischen Ihren Händen vorzustellen. Hören Sie dazu auf Ihre Gedanken, und achten Sie auf Ihre Empfindungen und Gefühle.

Die Übungsdauer kennt keine Grenzen. Sie bestimmen die Haltephase immer selbst. Ich empfehle Ihnen wieder ein Zeitmaß von sieben ruhigen und vollständigen Atemzügen. Lassen Sie jedoch keine unangenehmen Empfindungen aufkommen. *Zwang erzeugt Kampf und engt den Energiefluß ein.*

▶ Übung 4

Abb. 17: Energierad vor dem Brustkorb

- Ausgangsposition ist die vorhergehende Handhaltung.
- Lassen Sie Ihre Arme langsam sinken, vor dem Brustkorb halten Sie an (Abb. 17). Die Handflächen zeigen zum Körper.
- Stellen Sie sich während der ruhigen, vollständigen Atemzüge das Sonnenrad zwischen Armen und Händen vor.
- Versuchen Sie, keine bewertenden Gedanken aufkommen zu lassen. Bleiben Sie einfach aufmerksam und lauschend in Ihrem Energieraum.

▶ Übung 5

Abb. 18: Energierad an den Kopfseiten

- Ausgangsposition ist die vorhergehende Handhaltung.
- Winkeln Sie Ihre Unterarme nach oben an, bis beide Hände die Höhe der Ohren haben. Die Handflächen zeigen zu den Ohren (Abb. 18).
- Die Unterarme bleiben gerade aufgerichtet. Entspannen Sie jedoch Ihre Schultern.
- Zeigen Sie das *innere Lächeln,* während Sie selbst die Dauer der Übung bestimmen.
- Achten Sie bei dieser Haltung ganz besonders auf Empfindungen in Ihrem Kopf, während sich in Ihrer Vorstellung das Sonnenrad zwischen Ihren Händen dreht.

Bleiben Sie auch in dieser Haltung mindestens sieben ruhige, vollständige Atemzüge stehen.

▶ Übung 6

Abb. 19: Das Energierad drehen

- Aus der letzten angehobenen Position lassen Sie Ihre Hände sinken, und halten Sie sie vor dem Unterleib (Abb. 19). Die Handflächen zeigen zum Körper, die Hände sind ca. 5 cm voneinander und von der Bauchwand entfernt.
- Beginnen Sie mit dem Drehen des Energierades, indem Sie die Hände vor dem Bauch im Uhrzeigersinn kreisen lassen.
- Drehen Sie Ihre Hände insgesamt siebenmal im Uhrzeigersinn, und stellen Sie sich dabei vor, daß Sie die außerhalb Ihres Körpers strömende Energie in Ihren Körper hineinlenken können.
- Bleiben Sie während der Drehung ganz im Bereich Ihres Unterleibs. Sammeln Sie sich im Hara.
- Den Schluß dieses Übungssatzes bildet die Dankhaltung Ihrer Hände.
- Lassen Sie sich auch nach dieser Übung noch ein wenig Zeit, um Ihren Gedanken und Ihren Gefühlen etwas Raum zu geben.

Der ganze Übungszyklus auf einen Blick

14

15

16

17

18

19

Abb. 14: Energierad über dem Kopf
Abb. 15: Energierad vor dem Bauch
Abb. 16: Energierad vor dem Kopf
Abb. 17: Energierad vor dem Brustkorb
Abb. 18: Energierad an den Kopfseiten
Abb. 19: Das Energierad drehen

Meditation

Einfühlsamkeit

Das Meditationsthema ist »Einfühlsamkeit läßt Sie hinhören«. Bevor wir unsere Einfühlsamkeit ausweiten und auch andere Menschen oder Situationen mit diesem tiefen Blick durchleuchten können, fangen wir erst einmal bei uns selber an. Es gibt große und tiefe Gefühle, die in unserem körperlichen Gedächtnis gespeichert sind. Beleuchten wir nun mit unserem Einfühlungsvermögen gewisse Körperbereiche, werden darin gespeicherte Gefühle in unser Bewußtsein steigen. Nicht selten zeigen sie sich dann mit den Situationen, durch die sie früher ausgelöst wurden. So gewinnen wir einen tieferen Einblick in dieses Wesen, das wir wirklich sind.

Ich empfehle Ihnen für diese Meditation eine bequeme, doch möglichst aufrechte Haltung, eventuell auf einem Stuhl. Die Füße ruhen hüftbreit geöffnet auf dem Boden. Ihre Hände liegen geöffnet in Ihrem Schoß. Richten Sie sich in Ihrem Becken und in Ihrem Brustkorb auf. Ihr Gesicht nimmt den Ausdruck des *inneren Lächelns* an.

- Fühlen Sie sich nun mit liebevoller Aufmerksamkeit in den Bereich Ihres *Beckenbodens* ein. Bleiben Sie einfach eine Weile lauschend hier, und lächeln Sie dieser Zone Ihres Körpers zu. Ihre Bewußtseinshaltung ist die einer liebevollen Mutter, die sich nach dem wirklichen Befinden ihres Kindes erkundigt und sich nicht mit oberflächlichen Aussagen zufriedengibt. Wenn Sie das Gefühl haben, daß dieser Bereich in Ihrem Körper keine Störungen aufweist, gehen Sie zum nächsten.

- Lenken Sie Ihr Einfühlungsvermögen nun in Ihre rechte Rumpfseite, in den Bereich Ihrer *Leber.* Lächeln Sie dieser Körperzone liebevoll zu, und versuchen Sie, in sie hineinzuatmen. Auf der einen Seite wird Ihr Atem eine entspannende Wirkung haben, und auf der anderen Seite wird er Ihnen helfen, konzentrierter in diesem Bereich zu bleiben. Lauschen Sie – lächeln Sie – fühlen Sie, was ist.

- Fühlen Sie sich nun liebevoll in Ihren Brustraum ein, im Bereich Ihres *Herzens*. Bleiben Sie eine Weile hier mit lauschender Aufmerksamkeit. Geben Sie Ihrem Körper Zeit, Ihnen zu antworten. Hören Sie hin. Gerade in dieser Zone wird er Ihnen viel zu sagen haben.

- Nun lenken Sie Ihr Einfühlungsvermögen in den oberen Brustbereich zur *Lunge*. Lassen Sie sich Zeit – bleiben Sie aufmerksam in dieser Zone des Lebens. Was hat sie Ihnen mitzuteilen? Vielleicht können Sie in dieser aufmerksamen Betrachtung den sehr feinen Lebensimpuls wahrnehmen. Er ist wie eine Pulswelle und sehr häufig ein wenig schneller als Ihr Körperatem.

- Fühlen Sie sich nun in Ihren *Bauch* ein, in die Mitte Ihrer Persönlichkeit, in das Nabelzentrum. Lauschen Sie sehr aufmerksam hinein, und unterstützen Sie den liebevollen Prozeß durch Ihr Lächeln und Ihren entspannten Atem. Lassen Sie sich Zeit für auftauchende Gefühle.

- Wandern Sie mit Ihrer Einfühlsamkeit in den Bereich Ihres Rückens, in die Zone der *Nieren*. Lauschen Sie – lächeln Sie – fühlen Sie, was ist. Geben Sie Ihrem Körper das, was ihn erzeugt hat und was er zum Leben braucht –, Liebe – Liebe, die nichts verlangt.

- Zum Schluß fühlen Sie sich in den Kopfbereich ein, in den *Stirnraum*. Gibt es noch etwas, auf das Sie hören sollen? Hören Sie einmal genau hin, was Sie wirklich für sich wünschen und was für Sie sein soll. Sie können es jetzt erfahren.

Kapitel 6

- Intellekt und Intuition – ein starkes Gespann für mehr Erfolg und Lebensqualität

Im dritten Übungszyklus wird ein intensiver Reinigungsprozeß ausgelöst, der Ihre Erkenntnisfähigkeit fördert und Sie von erstarrten Verstandesstrukturen befreien kann.
Die leichten subtilen Bewegungen und die abschließende Meditation ermöglichen jenen Zustand, in dem Intellekt und Intuition miteinander kommunizieren können.

Intellekt und Intuition

In gewisser Weise sind wir die Meister dieser Erde. Wir können Aktivität entwickeln, indem wir mit unserem Bewußtsein unsere Potentiale, unsere Intelligenz und Energie entfalten. Was jedoch den Himmel und den Kosmos betrifft, sind wir von einer Meisterschaft weit entfernt. Da ist unser Körper oft dem Himmel näher als unser Verstand.

Der Verstand ist eine äußerst feine Energie, und wir könnten annehmen, daß er der noch feineren kosmischen Energie näher sein müßte als unser Körper, aber das ist nicht so. Unser Körper läßt sich mit den Wellen des Meeres vergleichen, die auf den Strand branden. Zwischen beiden gibt es eine direkte Verbindung. *Der Körper gibt der Seele die Gestalt – auch das ist eine direkte Verbindung.* Der Verstand ist eine Kombination aus dem, womit wir geboren wurden, und dem, was wir gelernt haben, dem Wissen, das man uns beigebracht hat, der Kultur, den ausschlaggebenden Glaubenssystemen, von denen wir begeistert sind und die unsere Denkweise entscheidend beeinflußt haben.

Der Körper ist immer präsent, als physische Realität ist er für jeden sichtbar, gegenwärtig. Die Präsenz unseres Verstandes ist am größten, wenn er still wird und der Intuition Raum zu geben vermag. Denn dann geht es ums Ganze, um die Präsenz des allgegenwärtigen Geistes. Und diese wahrzunehmen, bedarf es der Stille. Der Verstand soll *wach,* aber *still* sein.

Wach, aber still

Es geht um das Paradoxon »Aktivität in der Passivität« oder – wie ich bei den Zen Praktizierenden hörte – »Erwecke den Verstand, ohne ihn auf etwas zu fixieren!« Vielen erscheint es am Anfang schwierig, den Verstand auf der Geistesebene zur Ruhe zu bringen. Scheinbar braucht er immer etwas, womit er sich beschäftigen muß, woran er sich halten kann. Wenn wir uns jedoch in dem Zustand befinden, in den uns unsere Übungen des Surya Marga oder die Meditation versetzen, wird der Verstand von selber still.

Diese Stille geht dann unabdingbar mit der gegenwärtigen Situation einher. Die Dankbarkeit dieses Erlebens läßt uns das Gute unseres Verstandes wahrnehmen, daß er vorhanden ist, um das Schöne dieses Augenblickes zu erkennen. Ansonsten hält er still und mischt sich nicht ein, in den Glanz des Einfach-da-Seins, der Gegenwart des Hier und Jetzt.

Der dritte Übungszyklus des Surya Marga

Diese einfachen, subtilen Bewegungen bringen uns in einen besonderen Zustand, in dem die kosmische Verbindung der Energien für uns wahrnehmbar wird.

In diesen Bewegungen mischt sich die Energie des Kosmos mit der Energie des Körpers und löst einen physisch-psychischen Reinigungsprozeß aus, der den ganzen Menschen stärkt und ihn von festhaltenden, starren Strukturen befreien kann.

Damit Sie diese Bewegungen besser verstehen, ist folgende Idee sehr hilfreich: Stellen Sie sich vor, Ihr Körper besteht aus zwei leeren Zylindern, die von der Erde bis zum Himmel reichen und Sie mit dem Kosmos verbinden. Die auf- und abwärts gerichteten Bewegungen Ihrer Arme und Hände lenken die Energie durch diese Zylinder, wodurch verbrauchte physische Energie in großen Mengen abgegeben wird und neue Energien aus dem Kosmos aufgenommen werden.

Ziel dieser Übungen ist das ungehinderte Fließen der Energien in unserem Körper. Dazu nutzen wir die Lenkung des Energierades. Es gibt uns die Möglichkeit, Störungen im Energiefluß zu korrigieren. Die Hände sollen dabei den Körper nicht berühren, sondern sich dem Energiemechanismus entsprechend bewegen. Es ist wahrscheinlich, daß Sie genau spüren, wie alle Energie in Ihrem Körper fließt. Vielleicht fühlen Sie ein Prickeln oder eine Wärme; auch ein inneres Vibrieren wird manchmal wahrgenommen, wenn Ihr Körper durch die feinen Energien aktiviert wird.

Der Abstand zwischen den Händen und dem Körper wird von jedem anders gehalten. Seien Sie aufmerksam, und finden Sie heraus, welche die »richtige Distanz« für Sie ist. Achten Sie auch darauf, in welcher Geschwindigkeit der Bewegungen Sie sich wohl fühlen. Ihr Atem ist ebenfalls wichtig. Er soll die Bewegungen zwar sanft begleiten, doch kann er deren Wirkung beträchtlich unterstützen. Atmen Sie deshalb also hörbar aus, so daß – unabhängig von der gerade ausgeführten Bewegung – auch manchmal ein stärkerer Ton entstehen kann.

Es gibt keinen Ausweg.
Wir müssen mehr oder weniger schmerzhaft lernen,
der Gestalter unseres Körpers zu sein.
Wenn wir jedoch aufhören zu glauben, daß die einzige
Offenbarungsquelle unseres Lebens das sei, was wir
darüber wissen, kann dieser Lernprozeß uns glücklich machen.

▶ Übung 1

- Sammeln Sie sich durch die Dankhaltung Ihrer Hände. Behalten Sie die aufrechte, doch entspannte Grundhaltung bei.
- Lassen Sie Ihre Arme locker neben Ihrem Körper hängen. Die Handflächen zeigen zum Körper.
- Führen Sie nun Ihre rechte Hand (Frauen die linke) langsam seitlich mit kleinem Abstand neben Ihrem Körper bis weit über Ihren Kopf (Handfläche zum Körper). Die andere Hand zeigt dabei nach unten (Abb. 20). Dehnen Sie dabei Ihren ganzen Körper nach oben und nach unten.
- Danach wechselt die Handposition, die obere Hand wird herabgeführt und zeigt nach unten, die untere Hand wird nach oben geführt und zeigt nach oben.
- Bringen Sie nun beide Arme nach oben (Abb. 21), strecken Sie sich gut durch, und lassen Sie dann beide Arme langsam sinken. Wiederholen Sie die Bewegungsfolge insgesamt siebenmal. Sie atmen bei der Aufwärtsbewegung ganz bewußt durch beide Nasenöffnungen ein, bei der

Abb. 20: Mit einer Hand abgeben und annehmen

Abb. 21: Mit beiden Händen abgeben und annehmen

Abwärtsbewegung entsprechend langsam ebenfalls durch die Nase aus. Die Wirkung dieser Bewegungen wird so intensiver. Versuchen Sie, sich vorzustellen, daß Sie bei der Bewegung mit einem Arm nur durch das jeweilige Nasenloch atmen.

- Stellen Sie sich ganz auf den Energiefluß ein, der durch Ihre Hände bewegt wird, d.h., verbinden Sie sich durch die Zylinder mit dem energiespendenden Kosmos; durch die Aufwärtsbewegung mit dem obersten Pol und die Abwärtsbewegung mit dem untersten Pol.

Übung 2

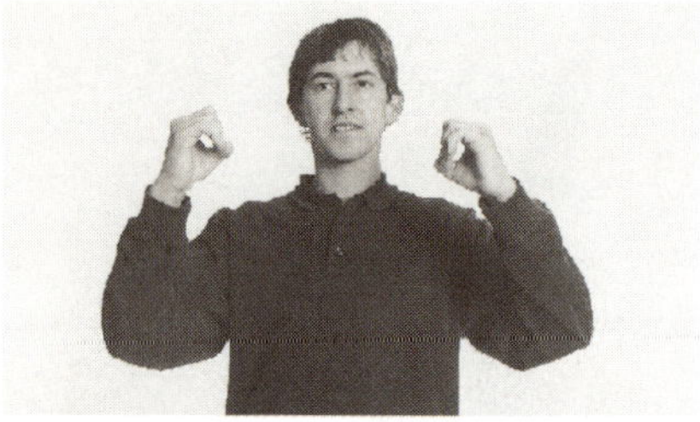

Abb. 22: Handzylinder

Abb. 23: Handzylinder abwärts führen

Abb. 24: Füße umrunden

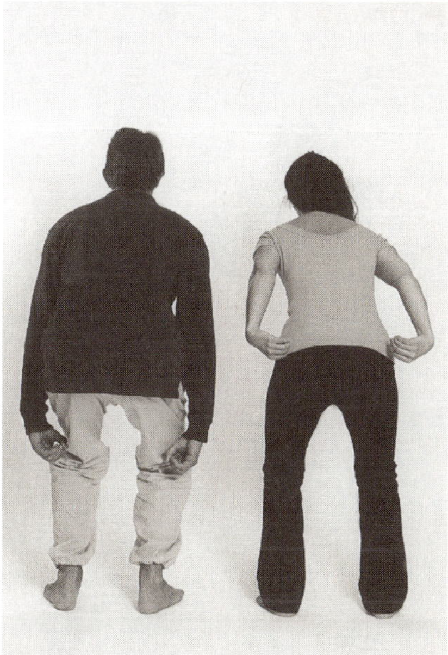

Abb. 25: Handzylinder hinter dem Rücken hochführen

- Bilden Sie mit Ihren Händen Zylinder (Abb. 22), sie werden den Energiefluß verstärken. Halten Sie die Hände dem Körper zugewandt mit einem Abstand von ca. 10 cm, und führen Sie sie nun abwärts, über den Unterleib und weiter abwärts an den Innenseiten Ihrer Beine entlang (Abb. 23) bis zu den Füßen. Bücken Sie sich dabei rückengerecht, d.h., Sie beugen entsprechend der Hochstellung die Knie und schieben das Gesäß weit nach hinten; so bleibt Ihr Rücken gestreckt und wird nicht belastet.
- Umrunden Sie nun mit Ihren Händen die Zehen, dann die Außenseiten und die Fersen (Abb. 24).
- Führen Sie nun Ihre Handzylinder an den Beinrückseiten so hoch wie möglich hinter Ihrem Rücken (Abb. 25) langsam nach oben. Richten Sie sich dabei zu gerader Haltung auf.
- Die Hände immer mit einem Abstand von ca. 10 cm zum Körper bewegen. Bei einer Berührung würde der äußere Energiekreislauf eine Unterbrechung erfahren.

▶ Übung 3

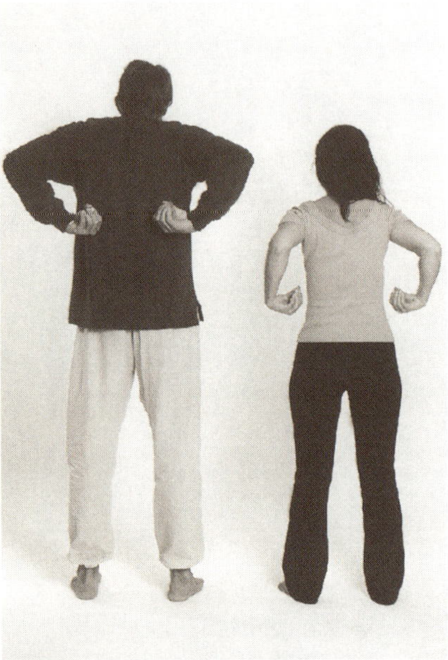

Abb. 26: Zylinder in Achselhöhle

Abb. 27: Hände über Kreuz vor dem Brustkorb

- Die Ausgangsposition ist der Halt der Hände hinter dem Rücken (Abb. 26).
- Führen Sie nun Ihre Hände nach vorne, und überkreuzen Sie Ihre Arme vor der Brust (Abb. 27), die Hände dabei öffnen, aber nicht den Körper berühren.

Dieser Übungssatz erfordert viel Aufmerksamkeit. Versuchen Sie trotz des Abstandes Ihrer Hände zum Körper, den Hautkontakt zu behalten und sich Ihrer Empfindungen bewußt zu werden.

▶ Übung 4

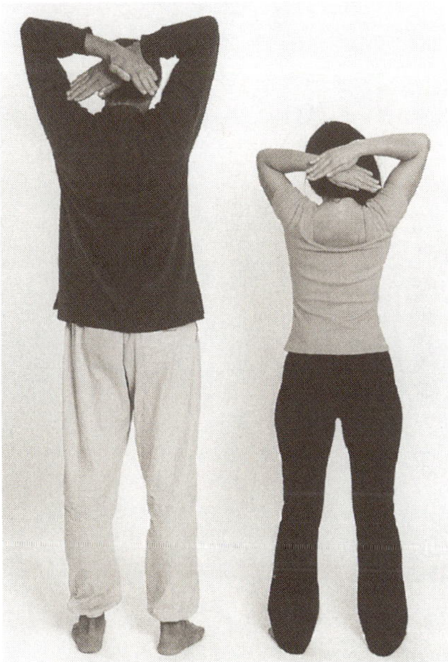

Abb. 28: Hände gekreuzt im Nacken

- Ausgangsposition ist die vorhergehende Handhaltung.
- Führen Sie nun Ihre Hände mit dem entsprechenden Abstand über den Kopf und weiter bis zum Nacken (Abb. 28). Die Hände bleiben dabei gekreuzt.
- Ihr Körper wird durch die feinen Energien aktiviert; lassen Sie sich deshalb Zeit für Ihre Empfindungen.
- Führen Sie Ihre Hände nun langsam wieder nach vorne, und lassen Sie sie langsam, noch über Kreuz gehalten, sinken.
- Beenden Sie auch diesen Übungszyklus mit der Siegelhaltung Ihrer Hände.

Der ganze Übungszyklus auf einen Blick

20

21

22

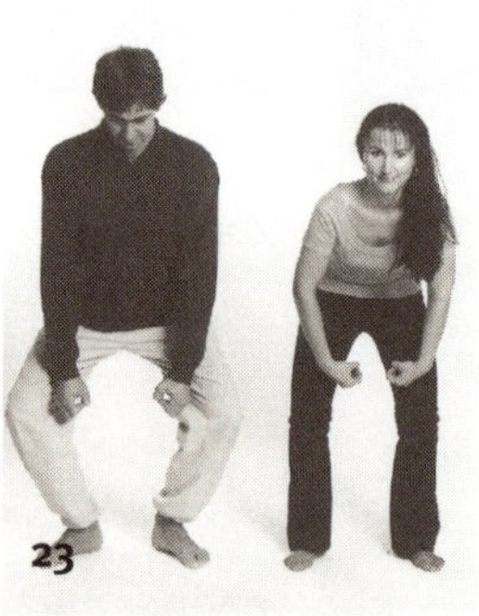

23

24

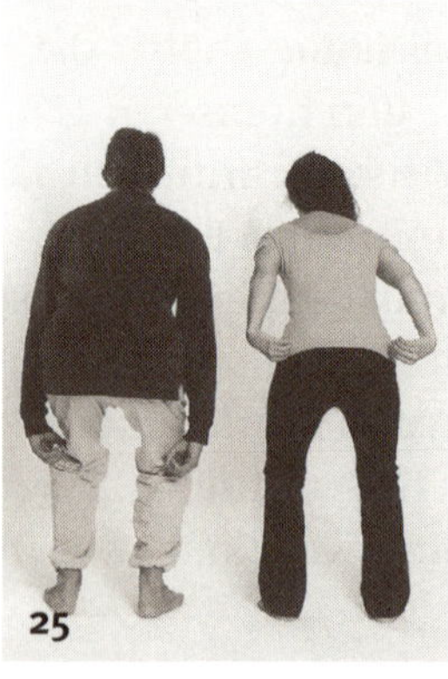

25

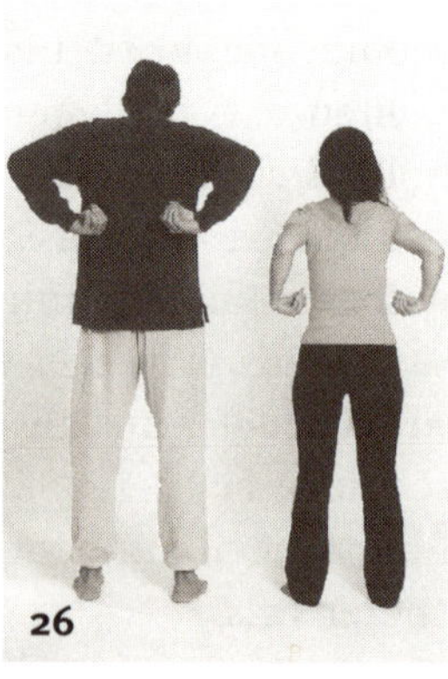

26

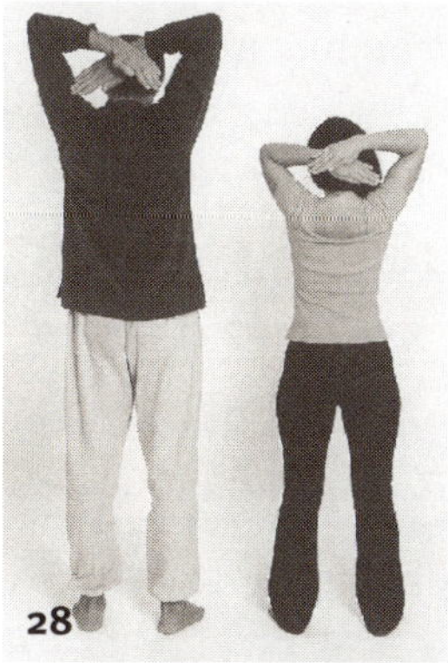

Abb. 20: Mit einer Hand abgeben und annehmen
Abb. 21: Mit beiden Händen abgeben und annehmen
Abb. 22: Handzylinder
Abb. 23: Handzylinder abwärts führen
Abb. 24: Füße umrunden
Abb. 25: Handzylinder hinter dem Rücken hochfuhren
Abb. 26: Zylinder in Achselhöhle
Abb. 27: Hände über Kreuz vor dem Brustkorb
Abb. 28: Hände gekreuzt im Nacken

Meditation

Einheitsempfinden

Tief im Innern eines jeden von uns liegt ein intensiver Wunsch nach Harmonie. Schönheit und Harmonie stellen die Vollendung der geistigen Welten dar, zu denen wir durch unseren Übungsweg des Surya Marga und durch die Meditation erste Schritte tun wollen. Um aus unserer Arbeit und unseren Visionen konkrete Ergebnisse zu erzielen, bedarf es insbesondere einer Fähigkeit: der Fähigkeit zu glauben. Glaube ist die Einsicht (Vision) in den Geist der Schöpfung. Am Anfang unserer inneren Arbeit, zu der uns dieser Wunsch anleitet, bleibt für uns alles noch in unscheinbarer Leere. Später findet unser Glaube Halt, denn durch unsere Erfahrungen mit dem Übungsweg finden wir in dieser Leere plötzlich sicheren Fels.

Mit der folgenden Meditation möchte ich Sie einladen, sich Ihrer Verbindung mit dem Geist und der Schöpfung bewußt zu werden. Legen Sie sich dazu Papier und Stift in greifbare Nähe.

- Nehmen Sie eine bequeme aufrechte Haltung ein. Die Hände sind gesammelt in der Siegelhaltung vor dem Hara.

- Lassen Sie Ihre Augen auf dem Boden vor Ihnen ausruhen, oder Sie schließen sie, nachdem Sie den Text verinnerlicht haben.

- Geben Sie Ihrem Körper Zeit, sich zu entspannen. Beobachten Sie Ihre Reaktionen.

- Lauschen Sie nun aufmerksam Ihrem Atemrhythmus nach. Erlauben Sie Ihrem Atem, völlig zur Ruhe zu kommen.

- Lenken Sie nun Ihre gesammelte Aufmerksamkeit in den *Stirnbereich.* Stellen Sie sich vor, daß Ihr Stirnraum größer, heller, lichter wird.

- Erlauben Sie sich nun die Vision, einem Sonnenuntergang beizuwohnen. Schauen Sie in den flammenden Himmel, und lassen Sie sich von der Farbenpracht erfüllen. Atmen Sie die Farben ein, und lassen Sie zu, daß sich die rotgoldenen Farbschwingungen in Ihrem Körper ausbreiten.

- Denken Sie diese Meditation nicht nur, sondern erfüllen Sie Ihr Inneres mit diesen Farben. Lassen Sie sich mitziehen von diesen Farben in einen leuchtenden rotgoldenen Horizont vereinter Gefühle. Spüren Sie dem Empfinden des inneren Friedens nach. Lösen Sie sich von den physischen Prozessen Ihres Alltages. Tauchen Sie ganz ein in das Meer der Farben – lassen Sie sich darin los.

- Wenn Sie den Wunsch haben, einige Empfindungen aufzuschreiben, dann tun Sie das. In solchen Momenten erfahren wir manchmal unseren Lebenssinn in einer Klarheit, die später nicht mehr eingefangen werden kann.

- Langsam verlieren die Farben ihre flammende Intensität, und der Horizont nimmt ein violettes Leuchten an, das allmählich in zartes Flieder übergeht.

- Begeben Sie sich nun in die Stille dieses Leuchtens, und öffnen Sie sich für die »Präsenz« des Geistes. Spüren Sie seine Verbindung mit Ihrem Geist.

- Bevor Sie diese Meditation langsam beenden, legen Sie sich in Ihrer Vorstellung einen weichen Umhang aus zartvioletten Farben um Ihre Schultern. Mit diesem Umhang tauchen Sie auf und bewegen Ihren Körper.

- Achten Sie an diesem Tag besonders auf Ihre Gedanken, die Sie zu Alltagssituationen haben. Schreiben Sie Ungewöhnliches auf.

Kapitel 7

- Bringen Sie Ihre Kompositionen zum Klingen
- Ihr Körper ist Ihr Instrument
- Entfalten Sie die Kunst, es richtig zu spielen

Der vierte Übungszyklus lehrt Sie, mit dem Herzen zu sehen, um alle sichtbaren und unsichtbaren Feinheiten dieses Instrumentes zu beherrschen.

Die kraftvollen Bewegungen erfüllen Ihren Geist mit Aufmerksamkeit und Ihren Körper mit Lebenskraft. Wer aus dem Geist lebt, dem sind alle Ressourcen zugänglich.

Alles fließt

Es ist wie in der Musik: Der Körper ist das Instrument, die Übungen sind Kompositionen, und es geht darum, das Instrument zum Klingen zu bringen. Viel Übung und Wiederholung sind notwendig, bis wir ein Musikstück auswendig spielen können und alle Schwierigkeiten meistern.

Nur – letztlich liegt alle Kunst darin, *wie* wir das Instrument spielen, wie wir alle sichtbaren und unsichtbaren Feinheiten beherrschen und wie wir schließlich eine Komposition interpretieren. So wie Musik, die zwar perfekt gespielt, aber beim Zuhören nur das Ohr berührt und nicht das Herz, so ist es auch bei unserem Übungsweg. Wenn wir uns nicht mit unserem ganzen Wesen in das Tun einbringen, bleibt die seelische Entwicklung, der Sinn unseres Lebens, auf der Strecke.

Können Sie sich ein Leben ohne Liebe vorstellen? Wahrscheinlich nicht. Es wäre arm und nicht lebenswert. So wie die individuelle Improvisation in der Musik einen eigenen Stellenwert besitzt, so werden sich auch in unserem Leben durch den Übungsweg eigene Bewegungen entwickeln, Veränderungen in unserem Umgang mit uns selbst und anderen. Wo wir früher bewertet und kritisiert haben, ist plötzlich liebevolles Verstehen da. Mit uns selbst gehen wir achtsamer um, unser Körper wird uns wertvoll, und wir lernen, uns als ein geistiges Wesen zu schätzen. Wie in der Musik, gestalten sich dann eigene Variationen, die uns unsere Lebendigkeit und Ausdruckskraft spüren lassen und Körper und Seele in Einklang bringen.

Die Kompositionen zum Klingen bringen

Die in diesem Buch enthaltenen Übungen sind wunderbare Kompositionen. Also gehen wir jeden Tag von neuem in sie hinein, zwingen uns zu nichts, erlauben, daß eigene Bewegungen und Klänge hinzukommen. Alles ist gut, was unseren Geist mit Aufmerksamkeit erfüllt und in die Stille führt, das Prãna zum Fließen bringt und unseren Körper mit Lebenskraft erfüllt. Es macht also Sinn, über gezielte Aktivität nicht nur mehr Energie zur Verfügung zu haben, um sich besser zu fühlen, sondern auch

Augen und Ohren für die feineren Daseinsformen unseres Lebens zu öffnen. Und plötzlich können wir sie hören, die innere Stimme, die uns leise durch unser Leben führt, so leise, daß wir sie nur hören, wenn wir ganz still geworden sind.

Der vierte Übungszyklus des Surya Marga: Surya namaskar – »Sonnengruß«

Der folgende Übungszyklus hebt sich von den vorhergehenden dadurch ab, daß nun der ganze Körper bewegt wird. In der Tradition wird Surya namaskar vor Sonnenaufgang ausgeführt. Diese dynamische Übungsreihe ist von außerordentlicher energetisierender Wirkung und entwickelt Schnelligkeit, Wachheit und Ausdauer. Die Positionen können zunächst mit einer Haltephase geübt werden. Später steigern Sie die Geschwindigkeit, dabei ist ein geschmeidiger Ablauf wichtig, wobei die Übergänge zwischen den Positionen rhythmisch erfolgen sollen.

»Wenn die Sonne und der Mond untergegangen sind und das Feuer nicht mehr brennt und die Worte schweigen, welches Licht hat dann der Mensch?«
Er sagt:
»Tatsächlich ist die Seele das Licht, denn mit der Seele als dem Licht verharrt und bewegt sich der Mensch, verrichtet seine Arbeit und kehrt zurück.«
BRHADĀRAN YAKA UPANIS AD, IV. 3.6.

Übung 1

Abb. 29: Grundhaltung

- Nehmen Sie eine aufrechte Haltung ein, und halten Sie Ihre Hände in der Dankhaltung (Abb. 29).
- Sammeln Sie sich in dieser Haltung, und werden Sie sich des unendlichen Energieraumes bewußt, in dem Sie atmen und leben.
- Verweilen Sie darin sieben ruhige, vollständige Atemzüge lang, und bewegen Sie dabei folgenden Gedanken: »Himmel und Erde vereinigen sich in mir.«

▶ Übung 2

Abb. 30: Rückbeugen

- Aus der vorhergehenden Grundhaltung führen Sie Ihre Arme gestreckt hoch über den Kopf. Beugen Sie Ihren Oberkörper so weit nach hinten, wie es Ihnen möglich ist (Abb. 30). Schauen Sie Ihren Händen nach.
- Damit Ihr Rücken nicht überlastet wird, spannen Sie Ihre Bauch- und Gesäßmuskeln vor dem Rückbeugen kräftig an, und beugen Sie bei bestehenden Rückenproblemen Ihre Knie.
- Ihr Grundgedanke zu dieser Haltung: »Sich dem Licht öffnen.«
- Achten Sie während dieser Übung besonders auf Ihre aufkommenden Gedanken und Empfindungen.

▶ Übung 3

Abb. 31: Vorbeugen

- Aus der Rückbeuge richten Sie sich mit erhobenen Armen auf und beugen nun den Oberkörper weit nach vorn und weiter nach unten. Setzen Sie Ihre Hände dicht vor den Füßen auf den Boden (Abb. 31).
- Um den Rücken zu schonen und die Hände aufsetzen zu können, beugen Sie bei dieser Übung die Knie.
- Ziehen Sie Ihren Kopf in Richtung Knie, doch achten Sie unbedingt auf Ihre Bewegungsgrenzen.
- Ihr Grundgedanke: »Der Schöpfung dankbar sein.«

Übung 4

Abb. 32: Starthaltung

- Aus der Vorbeugehaltung setzen Sie Ihren linken Fuß einen großen Schritt rückwärts auf. Das linke Knie berührt dabei den Boden.
- Senken Sie Ihr Gesäß, strecken Sie Ihren Rücken, und heben Sie Ihren Kopf an (Abb. 32).
- Ihr Grundgedanke: »Der Start in den neuen Tag, Aktivitäten gelassen erwartend«.

▶ Übung 5

Abb. 33: Brückenhaltung

- Aus der Starthaltung setzen Sie nun auch den rechten Fuß zurück.
- Heben Sie Ihr Gesäß an, und schicken Sie Ihren Kopf in Richtung Füße. Versuchen Sie dabei, Ihre Füße ganz aufzusetzen (Abb. 33).
- Ihr Grundgedanke: »Ich bin die Brücke, die alles verbindet.«

▶ Übung 6

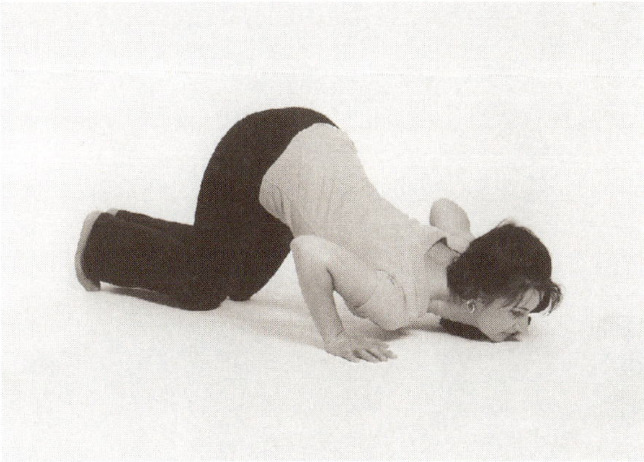

Abb. 34: Liegestützhaltung

- Aus der Brückenhaltung senken Sie zuerst die Knie zum Boden, dann die Brust (Abb. 34), danach auch den Bauch. Versuchen Sie, diese Reihenfolge einzuhalten, auch wenn Sie Ihnen am Anfang etwas schwierig erscheint.
- Ihr Grundgedanke: »Ich bin bereit loszulassen, was nicht zu meinem Selbst gehört.«

▶ Übung 7

Abb. 35: Kobra

- Aus der vorhergehenden Haltung richten Sie Ihren Oberkörper so weit auf, daß nur der Unterleib und die Beine liegenbleiben.
- Die Füße stellen Sie auf (Abb. 35).
- Spannen Sie unbedingt bei dieser Haltung Ihre Gesäß- und Bauchmuskeln an – das schützt Ihren Rücken!
- Ihr Grundgedanke: »Ich kann mich immer wieder aufrichten.«

▶ Übung 8

- Aus der Kobrahaltung heben Sie nun Ihr Gesäß hoch und bilden mit Ihrem Körper wieder eine Brücke (S. 102, Abb. 33).
- Versuchen Sie, beide Fußsohlen auf den Boden zu bringen. Den Kopf zwischen den Armen in Richtung Füße schieben.
- Ihr Grundgedanke: »Ich vertraue dem Urwissen meines Körpers.«

Übung 9

- Aus der Brückenhaltung ziehen Sie Ihren linken Fuß bis vor Ihre Hände, senken Sie Ihr rechtes Knie zum Boden, senken Sie Ihr Gesäß, und nehmen Sie die Starthaltung ein (S. 101, Abb. 32).
- Halten Sie Ihren Kopf dabei aufgerichtet, und strecken Sie Ihren Rücken.
- Ihr Grundgedanke: »Mein Leben fängt jeden Tag neu an.«

Übung 10

- Aus der Starthaltung ziehen Sie Ihren rechten Fuß neben Ihren linken und nehmen die Vorbeugehaltung ein (S. 100, Abb. 31). Beugen Sie dabei eventuell Ihr Knie.
- Ziehen Sie Ihren Kopf mit dem Gesicht in Richtung Knie.
- Ihr Grundgedanke: »Die äußere Ordnung ist die der inneren.«

Übung 11

- Aus der Vorbeugehaltung richten Sie Ihren Oberkörper mit erhobenen Armen auf und beugen sich erneut rückwärts (S. 99, Abb. 30). Bitte beachten Sie die Gesäß- und Bauchmuskelanspannung. Sie ist unbedingt notwendig, um den Rücken zu schonen.
- Beenden Sie diese Übungsfolge mit der Grundhaltung (S. 98, Abb. 29) und der Dankhaltung Ihrer Hände.
- Ihre Grundgedanken: »Dankbar nehme ich das Leben auf. Es strömt ein und durch mich weiter.«

Wenn Ihnen diese Übungsfolge geläufig ist, führen Sie sie siebenmal hintereinander aus. Atmen Sie dann der Bewegung entsprechend, d. h., synchronisieren Sie die Übungen mit der Ein- und Ausatmung. Vor dem Übergang zur nächsten Stellung ein- oder zweimal normal atmen.

Probieren Sie auch folgendes: Atmen Sie in der Grundhaltung am Anfang tief ein, doch so, daß Sie den Atem locker anhalten können. Führen Sie anschließend die gesamte Übungsfolge durch, und atmen Sie in der

Grundhaltung am Ende wieder aus. Die physiologische Wirkung wird von außerordentlicher Effektivität sein. Lassen Sie sich für die nachfolgende Meditation noch etwas Zeit.

Der ganze Übungszyklus auf einen Blick

29

30

31

32

33

Abb. 29: Grundhaltung
Abb. 30: Rückbeugen
Abb. 31: Vorbeugen
Abb. 32: Starthaltung
Abb. 33: Brückenhaltung
Abb. 34: Liegestützhaltung
Abb. 35: Kobra

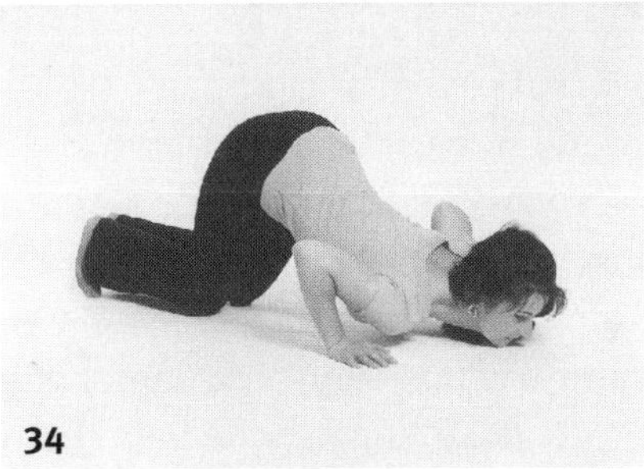

Meditation

Im Meer der Freude

Wer im Geist lebt, dem sind alle Ressourcen zugänglich. Sein Körper wird im Energieraum leben, und sein Leben ist auf Vertrauen gebettet. Wir erhalten dann die unschätzbare Gabe seltener Kraft und unbegrenzter Energie. Diese Gabe wird uns gegeben, wenn wir uns täglich erinnern, aus welcher Quelle wir stammen und wenn wir die schöpferische Energie in unserem täglichen Leben nicht nur zu unserem Wohl, sondern insbesondere zum Wohl aller einsetzen, mit denen wir in Beziehung stehen und denen wir begegnen.

In dieser Meditation möchte ich Sie einladen, darüber nachzudenken, damit Sie sich neu orientieren können. Ihr Haus, Ihre Kleidung werden dann eine neue Ausstrahlung haben. Wo Sie sind, ist der Geist der Freude mit Ihnen. Was könnte da noch passieren?

- Nehmen Sie eine bequeme, aufrechte Haltung ein. Lassen Sie Ihren Körper zur Ruhe kommen. Beobachten Sie Ihre Atmung, und lassen Sie sie allmählich zu einem langen Faden werden.

- Lassen Sie nun das *innere Lächeln* in Ihrem Gesicht aufleuchten, so wie nach der Morgendämmerung das Sonnenlicht alles Sichtbare mit Glanz überstrahlt und der Freude über den neuen Tag Raum gibt.

- Stellen Sie sich vor, daß dieses Lächeln auch aus Ihrem Scheitel leuchtet und um Ihren Kopf einen Strahlenkranz erzeugt.

- Breiten Sie das *innere Lächeln* auch in Ihrem Brustkorb aus, und lassen Sie es weit nach außen strahlen.

- Vertiefen Sie dieses Lächeln auch in Ihrem Bauch- und Beckenraum, und versuchen Sie, durch die Haut nach außen zu strahlen.

- Versuchen Sie sich nun der Vorstellung hinzugeben, selbst zur Sonne geworden zu sein, die ihre Umgebung mit dem Licht der Freude überstrahlen kann.

- Bleiben Sie in dieser Empfindung, solange Sie Ihnen angenehm ist.

- Bevor Sie sich dann wieder Ihrem Alltag zuwenden, nehmen Sie noch folgende Gedanken mit: »Die zwei wichtigsten Werkzeuge, die wir als geistiges Erbe mitbekommen haben, sind: Liebe und Freude. Freude ist das erste Gesetz im Leben und eine grundlegende Lobpreisung des Schöpfers. Es ist niemals zu spät, Freude zu empfangen und sie zu verschenken.«

- Nehmen Sie Freude wie Nahrung zu sich. Leben Sie sie in Farben aus. Erleben Sie sie ganz.

Kapitel 8

- Weisheit kommt von innen
- Der Verstand ist eine Sackgasse – der Körper Austragungsort aller inneren Konflikte

Im fünften Übungszyklus lernen Sie, den äußeren Zustand des Mangels zu verlassen und in den inneren Zustand der Fülle einzutreten.
Sie halten die Schlüssel zur Weisheit selbst in der Hand, benutzen Sie ihn. Ihre Chance, frei zu werden, ist unendlich groß.

Weisheit, die von innen kommt

Unser Körper beziehungsweise die in Form gebundene Energie ist unserer uralten Sehnsucht nach göttlicher Verbindung sehr viel näher als unser Verstand. Könnten wir den – für uns leider nicht sichtbaren – Weisheiten des Körpers folgen, gäbe es nicht so viele Probleme auf dieser Welt. Getrennt von diesem inneren Wissen, räumen wir jedoch unserem Verstand einen höheren Stellenwert ein als unserem Körper.

Wir drücken mit unserem Körper aus, welche Gefühle und Gedanken auf unseren inneren Lebensebenen ablaufen. Der Verstand arbeitet in gewisser Weise unabhängig davon, denn er ist in der Lage, aus sich selbst zu schöpfen, und er hält auch Distanz zu dem Energieraum, in dem wir leben. Inspirationen, Offenbarungen, Einsichten, Visionen entspringen jedoch dem Nirgendwo und nicht dem Verstand.

Verstand ist eine Sackgasse

Auch Sie haben sicher schon einmal für irgendein Problem nach einer Lösung gesucht. Nach einigen, vielleicht schlaflosen Nächten und endlosen Grübeleien haben Sie schließlich aufgegeben. Und dann plötzlich, Sie dachten an ganz andere Dinge, kam Ihnen die Lösung – aus dem Nirgendwo. Ihr Verstand hat sie trotz aller Mühe nicht finden können. Neue Ideen, wie im Prinzip auch alle Kreativität, ergeben sich nicht aus den Berechnungen des Verstandes oder der Darstellung seiner Ideen, sondern aus der Quelle, die im Nirgendwo ihren Ursprung hat.

Was der Verstand über das Leben weiß, ist nicht das, was Leben ist. Es ist paradox, daß wir dem Verstand mit all seinen selbstgeschaffenen Strukturen und Strategien so viel Raum geben, daß fast kein Platz bleibt für die Inspirationen aus dem Nirgendwo. Nur wenn wir die Arbeitsweise unseres Verstandes besser kennenlernen, können wir aus diesem recht begrenzten Dasein ausbrechen.

Unser Körper ist Spiegel unseres Verstandes

Selbst wenn wir durch den Übungsweg des Surya Marga die mit der inneren Einstellung verbundenen Körperstrukturen, die sogenannten Energieblockaden, auflösen, weil wir Energie aus dem kosmischen Raum aufnehmen können, gilt dennoch: Solange die mehr oder weniger bewußten Strategien des Verstandes bestehen bleiben, werden sich die Blockaden immer wieder neu aufbauen. Jedes ständig wiederkehrende Muster in unserem Körper spiegelt die Art und Weise, wie wir die Welt, die Menschen, Beziehungen oder Probleme betrachten.

Glauben Sie zum Beispiel, daß sich alles gegen Sie verschworen hat, um Ihnen Ihr Leben schwer zu machen, dann ist diese Art zu denken das Produkt Ihres Verstandes. Ein solches Gedankenmuster wird Ihren Körper veranlassen, Spannungen aufzubauen, sich zu verteidigen, sich zu schützen und sich zu verschließen, und damit Ihre Körperenergien entsprechend blockieren. Das gleiche gilt für jegliche Vorstellung oder Bewertung. Auch wenn Sie immer positiv denken, beispielsweise »Alle sind für mich«, schaffen diese Gedanken, wenn sie oft genug wiederholt werden, ein unrealistisches Muster mit entsprechenden Auswirkungen.

Daraus läßt sich ersehen, daß die Lösung einer Energieblockade, die dann zur Auflösung der Spannungszustände im Körper führt, immer nur begrenzt sein kann. Solange der Verstand an seinen Ideen, Bildern und Gedankenmustern festhält, gibt es keine endgültige Lösung.

Wir erschaffen täglich alles neu

Wenn wir den Kontakt zum universellen Energieraum aufrechterhalten, wird die Verstandesarbeit in das Gesamtgeschehen integriert. Daher ist keine unserer gedanklichen Einstellungen von Dauer. Wir glauben zwar, das wäre so, doch tatsächlich erschaffen wir unsere Vorstellungen täglich, stündlich, ja minütlich neu. Denn wir haben immer nur eine Zeit, in der wir etwas erschaffen können, und die ist das Jetzt; gerade in dieser Minute ist allein die Zeit, in der wir denken und damit erschaffen. Wir erschaffen tatsächlich all unsere Gedanken- und Verhaltensmuster von Moment zu Moment neu, denn wir behalten die entsprechenden Überzeugungen bei. Die Körperzellen werden immerzu erneuert; es gibt keine Zelle in unserem Körper, die noch dieselbe wäre wie vor einem Jahr. Doch die neuen Zellen haben dieselbe Information, übernehmen den blockierten Zustand, so daß unsere Überzeugungen unverändert bleiben. Und so wiederholt sich alles.

Nur wenn durch unseren Übungsweg das innere Feuer ausgeglichen in uns fließt und wir uns durch die Meditation mit dem universellen Energieraum verbinden können, dann funktionieren diese Muster nicht mehr.

Vertrauen macht uns frei

Natürlich wird es noch Gedanken geben, die uns glauben machen wollen, es gäbe einen erheblichen Mangel an Liebe, Anerkennung oder Erfolg. Doch auf unserem Übungsweg wird es dann immer öfter so sein, daß wir aus unserem geistigen Nirgendwo eine Einsicht erhalten – eine Offenbarung, die uns verstehen läßt, warum wir immer wieder so denken. Dann fühlen wir uns plötzlich frei. »Ich verstehe jetzt, warum ich immer wieder so viele Beklemmungen und Ängste verspüre, ich habe einfach kein Vertrauen, weder in das Leben (den Geist) noch in die Natur (den Körper).« In solchen Augenblicken, die wir in einer Meditation erleben, wird uns auch bewußt, daß wir vertrauen können. »Ich kann vertrauen, denn gerade jetzt, wo ich nichts aus eigenem Antrieb tue, spüre ich eine liebevolle Gegenwart, die mir sagt, ich kann vertrauen.«

Mit dieser Klarheit wird es möglich, unsere mißtrauische Mentalität zu ändern. Die Muster werden schwächer und langsam verschwinden. Auch wenn nicht jeder und jede von uns eine solch wunderbare Erleuchtungserfahrung macht, wird sich doch in unserem Leben etwas tun.

Die Tür öffnen

Immer wenn Sie sich mit dem Energieraum verbinden und abschließend in der Meditation ruhen, werden Sie Ihr psychisches Leben klarer sehen können. Welche alltäglichen Gedanken lassen Sie immer wieder aus Ihrem natürlichen Zustand herausfallen? Meistens sind es die abwertenden, einschränkenden Ärger-, Wut-, Zorngedanken, aber auch »Das kann ich nicht, das wird mir zuviel, ich muß das schaffen, ich habe Angst davor«, also hilflose, ohnmächtige Gedanken. Diese lassen sich verändern; nicht allein dadurch, daß sie in eine positive Form gebracht werden, sondern durch das Vertrauen im Energieraum und in der Meditation. Vertrauen, das Ihnen in Ihrem alltäglichen Leben plötzlich Dinge gelingen läßt, von denen Sie früher geglaubt haben »Das kann ja gar nicht gutgehen« oder »Das kann ich nie erreichen.«

Und auch das ist plötzlich da: Liebe und Freude. Ihr Herz ist offen, und Sie denken an die Zeit – die vielleicht schon lange zurückliegt –, in der Sie bei einer schmerzlichen Erfahrung Ihr Herz verschlossen haben. Vielleicht haben Sie trotzdem noch Angst, einen solchen Schmerz noch einmal zu erfahren, doch Sie erkennen auch, daß Sie sich zugleich der Freude verschließen, wenn Sie Ihr Herz nicht öffnen. Fragen Sie sich: »Ist beides möglich oder beides unmöglich?« Sie halten den Schlüssel zu sich selbst in der Hand, und das wissen Sie dann genau. In dem Augenblick ist es möglich, den Schlüssel einfach umzudrehen und die Tür zu öffnen. Ihre Chance, frei zu werden, ist unendlich groß.

Der fünfte Übungszyklus des Surya Marga

Auf diesen Übungssatz möchte ich Sie ganz besonders gut einstimmen. Er leitet von der Dynamik der Bewegungen in den absoluten Ruhestand über, in dem die Begegnung mit der hochgeistigen Gegenwart möglich ist. Die Bewegungen entsprechen dem inneren und äußeren Energiefluß, die Wahrnehmung für diesen Prozeß nimmt deutlich zu, und um den Körper entsteht ein großes Energiefeld.

Dieser Übungszyklus ermöglicht dem physischen Menschen, die feineren Potentiale des geistig-seelischen Menschen noch stärker zu entfalten, d.h., die höhere Entwicklung unserer Sinne zu schulen. So nimmt z.B. die Fähigkeit zu, die feinstoffliche Seite des Menschen zu sehen und aus dieser sogenannten Aura Dinge abzulesen, die für die eigene Zukunft wichtig sind. Auch die hochgeistige Ebene, die ich als Nirgendwo bezeichnet habe, wird uns bewußt zugänglich, um der Inspiration und der Intuition einen festen Platz in unserem Leben einzuräumen. Es können sich auch Lichtblicke für die kosmischen Welten zeigen, so daß wir unsere Ängste vor dem Tod verlieren und unsere Zweifel am Sinn des persönlichen Lebens endgültig aufgeben.

Mein Tip

Wiederholen!

Damit Sie den Übungssatz später besser beherrschen, empfehle ich Ihnen für den Anfang, die einzelnen Bewegungen mehrmals zu wiederholen.

Übung 1

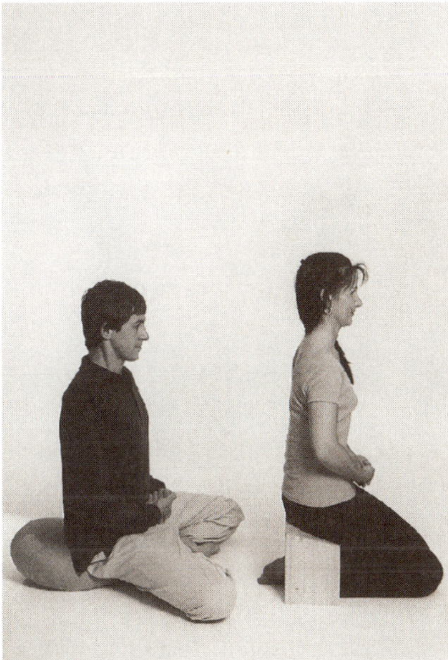

Abb. 36: Sitzhaltung auf Kissen oder Bänkchen

- Die empfohlene Haltung ist hierfür der Sitz mit gekreuzten Beinen, der klassische Lotussitz. Sie können sich aber auch auf ein Kissen oder ein Bänkchen setzen (Abb. 36).
- Nehmen Sie nun mit den Händen vor dem Unterleib die Siegelhaltung ein.
- Bringen Sie Ihren Körper in eine betont aufrechte Sitzhaltung, vor allem Ihren Brustkorb. Ihr Kopf thront auf den leicht zurückgenommenen Schultern.
- Lassen Sie Ihr *inneres Lächeln* auf Ihrem Gesicht erscheinen, und weiten Sie es auf Ihren ganzen Körper aus, während Sie Ihre Atmung sich beruhigen lassen.
- Ich empfehle Ihnen zur Einstimmung wieder die sieben ruhigen, vollständigen Atemzüge.

Abb. 37: Siegelhaltung über dem Kopf

Abb. 38: Trichter

▶ Übung 2

- Die Ausgangsposition ist die Siegelhaltung Ihrer Hände.
- Heben Sie Ihre ineinandergelegten Hände nach oben bis vor den Kopf.
- Drehen Sie Ihre Hände nun langsam um, so daß die Handflächen nach oben zeigen (Abb. 37). Die Fingerspitzen berühren sich nicht. Die richtige Handhaltung ist erreicht, wenn die Hände waagerecht sind.
- Achten Sie auf besonders langsame, weiche, ganz runde Bewegungen. Passen Sie Ihren Atemrhythmus dieser fließenden Bewegung an, den Atem zum langen Faden werden lassen.

▶ Übung 3

- Die Ausgangsposition ist die Haltung Ihrer Hände über Ihrem Kopf.
- Lösen Sie nun Ihre Hände voneinander, und öffnen Sie sie zu einem Trichter (Abb. 38).

Abb. 39: Trichterförmige Abwärtsbewegung

Abb. 40: Hände vor der Brust gekreuzt

- Danach lassen Sie Ihre Arme langsam sinken. Die Hände bleiben in dieser trichterförmigen Haltung. Die Ellenbogen dabei nahe am Körper halten (Abb. 39).
- Dann kreuzen Sie Ihre Hände vor der Brust (Abb. 40). Halten Sie dabei Abstand zum Körper.

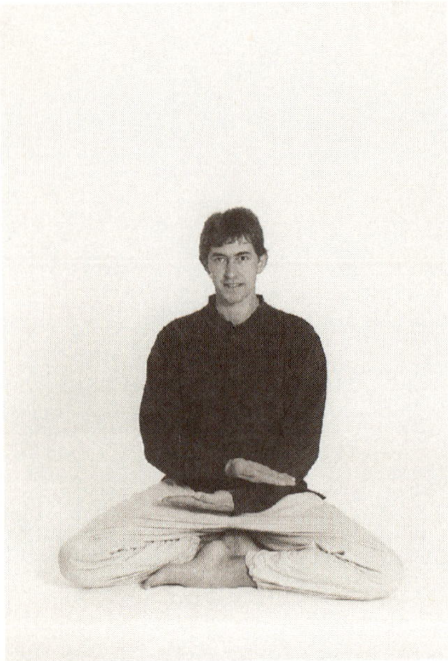

Abb. 41: Hände über Kreuz im Schoß

Abb. 42: Rechte Hand über rechte Schulter

▶ Übung 4

- Die Ausgangsposition ist die gekreuzte Haltung Ihrer Hände vor dem Brustkorb.
- Lassen Sie Ihre Hände über Kreuz gehalten in den Schoß sinken, jedoch den Körper nicht berühren (Abb. 41).
- Führen Sie nun Ihre rechte Hand nach oben über Ihre rechte Schulter, die Handfläche zeigt nach oben (Abb. 42).
- Führen Sie die Hand wieder abwärts in den Schoß, danach die linke Hand über die linke Schulter führen (Abb. 42), die Handfläche nach oben und wieder abwärts in den Schoß.

Abb. 43: Linke Hand über linke Schulter

- Wiederholen Sie diese Bewegungen siebenmal; führen Sie sie langsam durch.
- Atmen Sie synchron der Bewegung, d. h. einatmen bei der Aufwärtsbewegung und ausatmen bei der Abwärtsbewegung.
- Beenden Sie diese Bewegungen mit der Überkreuzhaltung Ihrer Hände im Schoß (S. 120, Abb. 41).

▶ Übung 5

- Die Ausgangsposition ist die Überkreuzhaltung Ihrer Hände im Schoß.
- Ziehen Sie Ihre Hände leicht auseinander. Strecken Sie dann Ihren rechten Arm seitwärts aus, die Hand wird in Kopfhöhe gehalten, die Handfläche zeigt nach unten (Abb. 44).
- Danach den rechten Arm in den Schoß zurückführen, jedoch die Hand gestreckt über die Beine nach unten zeigen lassen, die Handfläche weist dabei zum Körper (Abb. 45).
- Wiederholen Sie diese Übung mit dem linken Arm. Strecken Sie Ihren linken Arm seitwärts aus, die Hand in Kopfhöhe, die Handfläche zeigt nach unten.
- Danach den linken Arm in den Schoß zurückführen, die Hand gestreckt nach unten, die Handfläche zeigt dabei zum Körper.
- Wiederholen Sie auch diese Bewegungen insgesamt siebenmal, und achten Sie auf weiche, runde, langsame Bewegungen.
- Atmen Sie synchron der Bewegung.

Abb. 44: Rechten Arm ausstrecken

Abb. 45: Hand gestreckt nach unten

Abb. 46: Hände übereinander im Schoß

- Beenden Sie diese Übung mit beiden Händen übereinandergelegt im Schoß. Die Handflächen lassen Sie dabei nach oben zeigen (Abb. 46). Achten Sie darauf, daß Sie Ihren Körper nicht berühren und daß sich auch Ihre Hände nicht berühren.

Abb. 47: Hände in Brusthöhe

▶ Übung 6

- Ausgangsposition ist die Handhaltung im Schoß.
- Heben Sie Ihre Hände langsam bis in Brusthöhe an. Drehen Sie die Handflächen dabei zum Körper (Abb. 47).
- Breiten Sie dann Ihre Arme aus. Strecken Sie dabei Ihre Unterarme und Handgelenke. Die Handflächen zeigen nach unten. Halten Sie Ihre Arme so gut wie möglich entspannt (Abb. 48).

Abb. 48: Ausgestreckte Arme

- Bleiben Sie nun einige Zeit in dieser Haltung. Ich empfehle Ihnen ein Zeitmaß von sieben ruhigen, vollständigen Atemzügen.
- Achten Sie auf Empfindungen in Ihren Handflächen. In dieser Haltung wird die universelle Energie besonders wirksam verstärkt.

▶ Übung 7

Abb. 49: Eine Hand vor dem Unterkiefer, die andere vor dem Unterleib

- Die Ausgangsposition ist die vorhergehende Armhaltung.
- Drehen Sie Ihre linke Handfläche nach oben, und führen Sie diese Hand vor Ihren Unterleib. Während dieser Bewegung führen Sie die andere Hand vor Ihren Unterkiefer (Abb. 49). Beide Handflächen zeigen auf diese Distanz zueinander.
- Bleiben Sie für ca. sieben ruhige, vollständige Atemzüge in dieser Haltung.
- Achten Sie auf Ihre Atmung. Ihr *inneres Lächeln*, das Sie während der gesamten Folge beibehalten sollten, wird Sie unterstützen.
- Wechseln Sie anschließend die Handlungen: Führen Sie dabei die Hände halbkreisförmig nach oben beziehungsweise nach unten.
- Bleiben Sie auch in dieser Haltung noch sieben Atemzüge lang.
- Beenden Sie diese Bewegungen mit der Siegelhaltung.
- Lassen Sie sich anschließend Zeit für die Meditation.

Der ganze Übungszyklus auf einen Blick

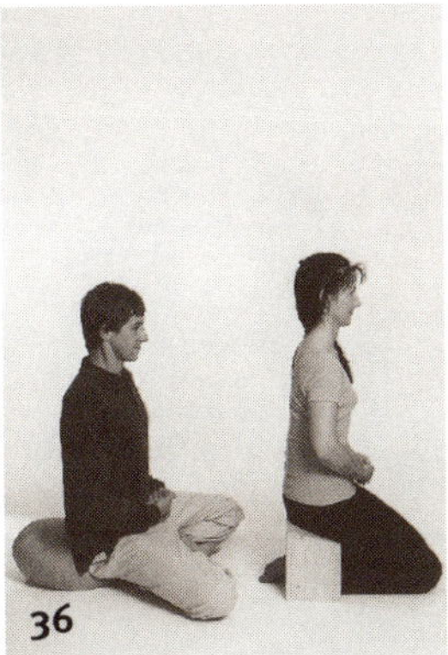
36

37

38

39

40

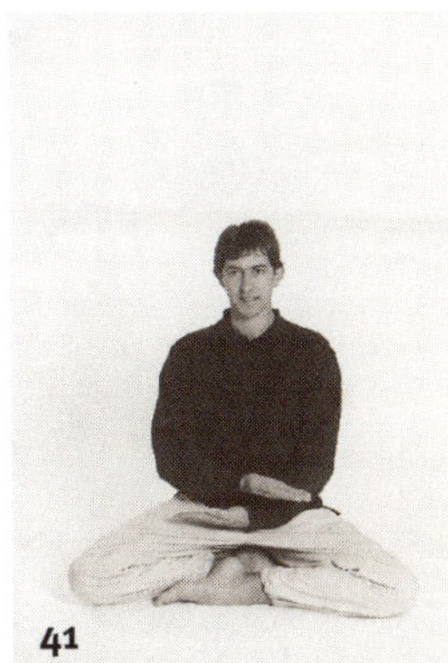
41

42

43

44

45

46

47

48

49

Abb. 36: Sitzhaltung auf Kissen oder Bänkchen
Abb. 37: Siegelhaltung über dem Kopf
Abb. 38: Trichter
Abb. 39: Trichterförmige Abwärtsbewegung
Abb. 40: Hände vor der Brust gekreuzt
Abb. 41: Hände über Kreuz im Schoß
Abb. 42: Rechte Hand über rechte Schulter
Abb. 43: Linke Hand über linke Schulter
Abb. 44: Rechten Arm ausstrecken
Abb. 45: Hand gestreckt nach unten
Abb. 46: Hände übereinander im Schoß
Abb. 47: Hände in Brusthöhe
Abb. 48: Ausgestreckte Arme
Abb. 49: Eine Hand vor dem Unterkiefer, die andere vor dem Unterleib

Meditation

Einssein mit der universellen Energie

Seien Sie offen und aufnahmebereit, und fügen Sie nichts hinzu. Lassen Sie sich auf ganz natürliche Weise auf das gegenwärtige Geschehen ein. Körper und Seele sind aus demselben Stoff wie diese Energie. Je mehr Sie sich ihr einfach hingeben, desto mehr werden Sie die Wahrheit erleben. Sie sind eins mit der universellen Energie.

- Nehmen Sie eine bequeme Sitzposition ein. Kreuzen Sie Ihre Füße, und lassen Sie Ihre Hände das »Siegel« bilden.

- Ihr Brustkorb nimmt eine aufrechte Haltung ein, und auf Ihren leicht zurückgenommenen Schultern thront Ihr Kopf.

- Lassen Sie nun auf Ihrem Gesicht das *innere Lächeln* erscheinen, und spüren Sie der entspannenden Wirkung dieses Lächelns nach. Lenken Sie Ihre Aufmerksamkeit auf den Atem, und lassen Sie ihn zum langen dünnen Faden werden. Beobachten Sie nun ein Phänomen: Ihr Atem wird Ihrer Aufmerksamkeit folgen.

- Lenken Sie, ohne an den Atem zu denken, Ihre Aufmerksamkeit in den *Beckenbodenbereich,* in das Energiezentrum am Ende Ihrer Wirbelsäule. Es ist die Ursprungsquelle der physischen, sexuellen Energie. Auch ohne die Lage dieses Zentrums auf Ihrer Energieleiter zu kennen, werden Sie genau erspüren können, wo es ist. Es wird sich Ihnen in einer feinen Aktivierung seiner Energie mitteilen, und Ihre Ausatmung wird sich darin sammeln.

- Gehen Sie nun auf Ihrer Energieleiter zum nächsten Zentrum und erleben Sie dort das Energiephänomen. Es ist der Punkt des Hara, dem Meer der Lebenskraft, und der Verbindungspunkt zur substantiellen Energie des Kosmos. Ihre aufmerksame Betrachtung in diesem Zentrum, das sich im *Bereich des Kreuzbeins* befindet, wird es aktivieren und Ihnen durch Ihre Ausatmung genau mitteilen, wo es liegt.

- Lassen Sie Ihre Aufmerksamkeit höher gleiten in das sogenannte *Nabelzentrum,* dem Zentrum Ihrer Stabilität und des Gleichgewichtes. Jedes

Zentrum fließt auf seine eigene Art. Denken Sie nicht weiter darüber nach, Ihre Aufmerksamkeit und Ihr Atem wissen, wohin Sie gehen sollen.

- Seien Sie sehr einfühlsam und aufmerksam, wenn Sie sich nun in das *Herzzentrum* einspüren. Verbindende Liebe ist seine Qualität. Achten Sie darauf, was und wo etwas mit Ihnen geschieht. Hier sind Sie in einer sehr innigen Berührung mit dem gesamten Energieraum, der Sie umgibt.

- Je höher Sie kommen, um so feiner ist die Energie. Seien Sie nun aufmerksam in Ihrem Zentrum der Kommunikation, dem sogenannten *Kehlzentrum*. Hier ist die Energie sehr zart und leicht verletzlich – und dennoch, Sie werden sie erfahren, denn Ihre gesammelte Aufmerksamkeit und Ihre Atmung werden Sie die Lage dieses Zentrums erkennen lassen.

- Nun heben Sie Ihre Aufmerksamkeit in das nächste Energiezentrum, Ihre *Stirn*. Ihr *inneres Lächeln* hat Ihnen seine Lage bereits sehr deutlich gezeigt. Es ist Ihr Verbindungspunkt zur feinstofflichen Energie des Universums. Versuchen Sie nun, einfach mal eine Weile hier auszuruhen und sich hier in dem Gedanken »Ich bin eins mit der universellen Energie« zu sammeln.

- Auch die Lage Ihres höchsten Energiezentrums, *auf dem Kopf*, dem Verbindungspunkt zu Ihrem höheren Selbst, wird Ihnen bewußt, wenn Sie Ihre Aufmerksamkeit darin sammeln. Am Anfang gibt es nur das eine. Dann kommt der Glaube an die Trennung, und wir werden zwei. Im Erleben, in der Transzendenz des Energieraumes, werden wir wieder zu einem.

Wirklich ist, was wirkt

Da wir keine Begriffe haben, mit denen wir die unsichtbare Welt der Energien darstellen können, müssen wir die Worte benutzen, die wir kennen. Das Wort »Energie« ist bereits ein sehr treffender Begriff. Energie ist unsichtbar, doch wir sind von ihrer Existenz absolut überzeugt, denn sie kann nicht neu erfahren werden, sondern sie *wirkt.*

Energie bewirkt Bewegung. In der Physik wird Energie als die Fähigkeit, Arbeit zu verrichten, bezeichnet. Im allgemeinen Sprachgebrauch definieren wir Energie als die geistige Triebkraft, die sich als Willenskraft, Tatkraft, Entschlossenheit oder Nachdruck äußern kann. Noch ist die westliche Wissenschaft nur sehr zögerlich bereit, die Existenz dieser subtilen Energie anzuerkennen. In der ganzheitlichen Medizin ist Energiearbeit jedoch bereits ein etablierter Begriff.

Wie grob oder fein die Energie ist, mit der wir arbeiten, hängt im wesentlichen davon ab, wie unsere Zielsetzung aussieht und in welchem geistigen Entwicklungszustand wir uns befinden.

Es gibt keine Trennung

Wie in allen yogischen Disziplinen, haben wir es bei Surya Marga mit einem rein idealistischen System zu tun, das die Materie als bloße Erscheinungsform oder als eine Verkörperung der dahinterstehenden Ursache betrachtet. Diese Einstellung ist verständlich, wenn wir uns an die Quelle des »Nirgendwo«, den Urgrund des Universums, erinnern. Aus diesem Nirgendwo oder dem transzendenten Nichts, wie es in den östlichen Weisheitslehren genannt wird, tritt die Welt der Erscheinungsformen in einem Prozeß zunehmender Verdichtung und zunehmender Materialisierung hervor. Die Ideen, die dem Nirgendwo oder Nichts entspringen, konkretisieren und verfestigen sich mit wachsender Entfernung von ihrem Ursprung immer mehr, bis sie schließlich materielle Qualitäten annehmen und die Objekte bilden, die wir mit unseren physischen Sinnen betrachten und begreifen können.

Doch auch im Zustand der körperlichen Daseinsform bleibt die Verbindung der materiellen Erscheinungsform mit der Quelle ihrer Existenz, dem geistigen, energetischen Bereich der Ideen, der Ursachen, bestehen. Es gibt keine Trennung.

Die Energieebenen

Es gibt unterschiedliche Modelle der verschiedenen Ebenen subtiler Energie. Damit wir diese leichter verstehen können, teile ich sie ein in körperliche, psychische und spirituelle Energieebenen. Diese Einteilungen sind nur als eine Orientierungshilfe zu verstehen. Energie läßt sich nun mal nicht »festnageln«.

- Zur äußerlichen, körperlichen Ebene gehört die vitale Energie oder Lebensenergie, die vor allem mit dem Körper und den geistig-seelischen Funktionen, die mit körperlichen Vorgängen zu tun haben, zusammenhängt.
- Zur inneren, psychischen Ebene gehört die Energie, die mit unserer höheren, feineren Existenz verbunden ist, sowie die spirituelle Energie, die über den körperlichen und psychischen Bereich hinausgeht. Diese subtile Energie liegt jenseits des Individuellen, und sie ist mit den Energiezentren (Chakren) verbunden.

Alle drei Ebenen unterscheiden sich nur durch die Subtilität der Energie; je höher die Ebene, desto feiner und einheitlicher wird sie. Die Trennungen, die zu unseren äußeren Gedankenebenen gehören, sind auf höheren Ebenen aufgehoben.

Die besondere Bedeutung, die den Energieebenen im Surya Marga zukommt, beruht auf speziellen Kraft- oder Energiezentren. In ihrer indischen Bezeichnung heißen diese Zentren Chakren, in der Übersetzung bedeutet das »Räder«. Der Name ist aus dem visuellen Eindruck entstanden, den diese Energiezentren hervorrufen – wenn man die Fähigkeit hat, sie zu sehen. Sie werden von hellsichtigen Menschen als Wirbel oder Vertiefungen beschrieben, die in verschiedenen Farben erstrahlen und an der Oberfläche unseres Energie- oder Prãnakörpers strudelförmig rotieren. Es gibt Zuordnungen von Chakren und Farben, auf die ich an dieser Stelle jedoch nicht weiter eingehen möchte (siehe Literaturhinweise). Je nachdem, welches dieser Zentren in besonderem Maße aktiviert ist – z. B. durch unsere Übungszyklen –, wird die uns zufließende Kraft in unterschiedliche Lebensbereiche gelenkt und hat eine bestimmte Wirkung.

Die Chakren

Chakren entsprechen in unserem physischen Körper den Nervenzentren entlang der Wirbelsäule, die mit den wichtigsten Drüsen verbunden sind. Darüber hinaus sind sie unsere Verbindungspunkte zu den kosmischen Energien. Diese Zentren liegen in einer Linie auf dem Hauptkanal für kosmische Energie. Durch die Art der vorherigen Meditation könnte der Eindruck entstanden sein, diese Punkte wären klar voneinander abgetrennte Bereiche. Dem ist nicht so.

Die Energie strömt wirbelförmig aus den Zentren hervor. Aktivieren wir einen Bereich, wird auch die Energie eines anderen Bereiches aktiviert. Es gibt nichts Getrenntes. Schon eine leichte Berührung dieser Energieleiter, in welcher Form auch immer – physisch, psychisch oder spirituell –, setzt alles in Bewegung. Die Erfahrung dieser Energieübertragung ist eher unspektakulär, denn was auf den Energieebenen tatsächlich geschieht, kann unser Geist nicht erfassen. Was wir eher erfahren, ist unsere eigene »energetische Verstopfung«: Energieblockaden. Die Langzeitwirkung des Energiesegens ist vor allem an unserer Entwicklung abzulesen, die viel zur Auflösung unserer Energieblockaden beiträgt und den Wunsch nach Vollendung in sich birgt. Der Weg ist auch hier bereits das Ziel.

Sachverzeichnis